ullstein

JOHANNES KIRCHMEIER, 1990 geboren und danach aufgewachsen in einem kleinen Dorf in Niederbayern, bewegt der Sport seit der Kindheit. Während er seine ersten Zeitungsartikel lesen konnte und die ersten TV-Übertragungen verfolgte, wuchs der Wunsch in ihm, Sportreporter zu werden. Daher studierte er Journalistik, erst in Ansbach, dann an der LMU München. Zudem absolvierte er eine Redakteursausbildung an der Deutschen Journalistenschule in der bayerischen Landeshauptstadt. Seit 2014 arbeitet er als freier Journalist und schreibt für das Sportressort der *Süddeutschen Zeitung*. Außerdem arbeitet er für die Sportredaktion des Bayerischen Rundfunks.

JOHANNES
KIRCHMEIER

DAS GROẞE EUROPAMEISTER-FUẞBALL-QUIZ

Ullstein

Besuchen Sie uns im Internet:
www.ullstein.de

MIX
Papier
FSC® C083411

Originalausgabe im Ullstein Taschenbuch
1. Auflage Mai 2021

In Kooperation mit Edition Süddeutsche Zeitung
Umschlaggestaltung: zero-media.net, München
Titelabbildung: Getty Images / © Roman Milest / EyeEm
Satz und Repro: LVD GmbH, Berlin
Gesetzt aus der Scala
Druck und Bindearbeiten: CPI books GmbH, Leck
ISBN 978-3-548-06393-5

VORWORT

Eigentlich schien der Plan durchdacht. Zum 60. Geburtstag der Fußball-Europameisterschaft hatte sich die Union Europäischer Fußballverbände UEFA etwas Besonderes überlegt: ein Turnier in zwölf Ländern, und damit eine Party für ganz Europa. Doch dann kam den Veranstaltern im Sommer 2020 bekannterweise die Corona-Pandemie dazwischen. So ist die UEFA EURO 2020, Name und Idee bleiben, nun nicht nur die erste paneuropäische Fußball-EM, sondern auch die erste, die ein Jahr nach der geplanten Austragung stattfindet – eine weitere Besonderheit also.

12 Orte richten diese 16. Fußball-Europameisterschaft zum 61. Geburtstag aus, gespielt wird von Dublin im Westen bis Baku im Osten und von St. Petersburg im Norden bis Rom im Süden. Im besten Falle rücken die Nationen Europas dabei noch ein bisschen mehr zueinander. Da die UEFA die Bezeichnung EURO 2020 beibehält, wird sie auch in diesem Buch noch an manchen Stellen auftauchen, obwohl es sich natürlich um den Wettbewerb im Sommer 2021 handelt.

Ein wenig steht das verschobene Turnier übrigens auch in der Tradition der Europameisterschaften. Denn von der ersten Idee bis zur ersten Umsetzung dauerte es sehr lange. So lange, dass die Vordenker die erste Fußball-Europameisterschaft im Jahr 1960 gar nicht mehr miterlebten. 33 Jahre zuvor taten sich der österreichische Funktionär Hugo Meisl und Henri Delauney, Generalsekretär des französischen Fußballverbandes, mit ihrer Idee zusammen. Sie unterbreiteten dem Weltfußballverband FIFA den Vorschlag, einen Europapokal gleichzeitig mit der Weltmeisterschaft durchzuführen, die im Jahr 1930 erstmals starten sollte. Die Pläne wurden jedoch von der FIFA verworfen und gerieten über die Jahre in Vergessenheit, es bildeten sich allerhöchstens kleinere Fußballwettbewerbe zwischen manchen Nationen in Europa. Meisl starb bereits im Jahr 1937, Delauney dann im Jahr 1955, ein Jahr nach der UEFA-Gründung. Delauney wurde ihr erster Generalsekretär. Doch die Umsetzung seiner Idee, den damals noch »Europapokal der Nationen« genannten Wettbewerb, konnte er nicht mehr vorantreiben, sie konkretisierte sich erst ab 1957.

Das Turnier, das dann 1960 in kleinem Format startete, ist heute eine der größten Fußballveranstaltungen der Welt. Mehr als 800 Millionen Euro Gewinn hat die UEFA bei der Fußball-EM 2016 in Frankreich erwirtschaftet, Meisls und Delauneys Saat ging mit etwas Verspätung auf. Einnahmen in Höhe von etwa 1,93 Milliarden Euro standen in Delauneys Heimatland im Jahr 2016 letztlich etwa 1,1 Milliarden Euro Ausgaben gegenüber. Ein Großteil des Gewinns floss nach UEFA-Angaben danach an die Mitgliedsverbände.

Dieses Buch klärt im Quizformat mit 100 Fragen und 100 Antwortgeschichten über die Historie des Wettbewerbs auf, aber auch über kuriose und amüsante Begebenheiten in 61 Jahren Fußball-Europameisterschaften und über die Besonderheiten des 2021er-Turniers.

Ich wünsche Ihnen viel Freude beim Rätseln und Lesen!
Johannes Kirchmeier

FRAGE 1

Wie bei den Vorgängerturnieren gibt es auch bei der paneuropäischen Europameisterschaft 2021 einen offiziellen Spielball im eigenen Design. Welchen Namen gab ihm die UEFA?

a) Europass
b) Euphoria
c) Uniforia
d) Telstar 20

Der Ball der EM: Nationalspieler Julian Brandt hat ihn schon getestet.

ANTWORT

c) Uniforia

Wer in den 1970er-Jahren einen Ball mit dem Namen Telstar am Fuß hatte, der war ein glückliches Kind. Schließlich wurde bei den beiden Weltmeisterschaften 1970 und 1974 sowie den Europameisterschaften 1972 und 1976 mit dem Ball gespielt. Ähnlich erging es in den 1990er- und 2000er-Jahren den Kids mit den Tricolore-Fußbällen der WM 1998 oder den Terrestra-Silverstream-Bällen der EM 2000. Bei der EURO 2020 kommt ein neuer Fußball in die Reihe der Turnierbälle hinzu: der Uniforia, den der Hersteller Adidas und die UEFA im November 2019 vorstellten. Der Name setzt sich zusammen aus »Unity« (Einheit) und »Euphoria« (Euphorie). Zudem wurden die GPS-Koordinaten der zwölf EM-Spielorte auf den Ball geschrieben. Der Ball soll für das Turnier in zwölf Ländern stehen.

Schwarze, dicke Pinselstriche auf dem Ball sollen nach Angaben der UEFA zudem das Verwischen von Grenzen und das Überqueren von Brücken in Europa symbolisieren. Schon ein bisschen »uniforisiert« sagte Florian Alt, Vizepräsident Brand Marketing bei Adidas, bei der Vorstellung des Balles: »Der Fußball gehört allen, unabhängig davon, wer man ist, wo man herkommt oder auf welcher Unterlage man spielt – er bringt uns alle auf dem Spielfeld zusammen. Der Uniforia ist zwar nur ein Symbol, aber ein Symbol, hinter dem wir alle zusammenstehen können.« Die Kids der 2020er-Jahre machen sich über derlei Pathos aber sicher keine Gedanken, wenn sie den Uniforia zum ersten Mal am Fuß haben. Sie passen ihn einfach ihren Freunden zu.

FRAGE
2

Wer hatte die Idee zur Europameisterschaft 2020 auf dem gesamten Kontinent?

a) Michel Platini
b) Lennart Johansson
c) Joseph Blatter
d) Theo Zwanziger

ANTWORT

a) Michel Platini

Der Franzose Michel Platini setzte in seiner Amtszeit als UEFA-Präsident von 2007 bis 2016 einige Ideen um. In die Zeit fällt etwa die Gründung der Nations League, die für mehr attraktive Spiele sorgt. Länderspiele zwischen Mannschaften von unterschiedlichen Kontinenten fallen so jedoch größtenteils weg – schließlich kommt zur Nations League an Pflichtspielen ja noch die jeweilige Qualifikation für die EM/WM hinzu. In Platinis Zeit fällt auch die Vergrößerung der EM-Endrunde auf 24 Teams. Größere Nationen bemängelten die Verwässerung des Turniers, kleinere erfreuten sich an der besseren Chance, teilzunehmen. Ihnen fällt aufgrund der erhöhten Anzahl von geforderten Stadien eine Ausrichtung nun aber noch schwerer. Auch da schaffte Platini im Jahr 2012 Abhilfe: mit der europaweiten EM anlässlich des 60. Geburtstags. »Wir können in zwölf Städten in einem Land spielen, aber auch in zwölf Städten in ganz Europa«, sagte Platini. »Wir bringen die EURO zu den Fans. Bislang mussten sie zur EURO kommen, jetzt kommen wir zu ihnen.«

Frei nach dem Titel eines Bauarbeiter-Films von Regisseur Peter Thorwarth: »Was nicht passt, wird passend gemacht«. Wichtig war Platini nur, dass das Halbfinale und das Finale an einem Ort stattfinden. Platini selbst erlebte die Umsetzung seiner Idee aber nicht mehr im Amt. Er trat 2016 zurück, nachdem ihn die FIFA wegen einer dubiosen Zwei-Millionen-Franken-Zahlung des FIFA-Chefs Joseph Blatter aus dem Jahr 2011 jahrelang gesperrt hatte.

FRAGE
3

Was ist das EM-2021-Maskottchen Skillzy?

a) Ein Roboter
b) Ein Affe
c) Ein Löwe
d) Ein Mensch

ANTWORT

d) Ein Mensch

Die ersten Reaktionen in den sozialen Netzwerken sammelte Skillzy schnell, nachdem er beim EM-Qualifikationsspiel zwischen den Niederlanden und Deutschland im März 2019 als Maskottchen der EURO 2020 vorgestellt wurde: Es fange schon mit dem Namen an, der sei einfallslos. Und überhaupt, der Kerl (und warum kein Tier?) schiele, sollte einen Termin beim Augenarzt ausmachen. Und er sehe wahlweise wie der Fußballer Cristiano Ronaldo oder gar TV-Moderator Kai Pflaume aus. Andere wollten in ihm einen Instagram-Influencer entdeckt haben. Wieder andere hatten die Befürchtung, er mache Kindern Angst.

Die Bedenken klingen ernst – und doch dürfte Skillzy aus einem anderen Grund berühmt werden: Skillzy ist anders als all seine Vorgänger fußballerisch äußerst begabt. Unter dem Maskottchen-Kostüm (Kapuzen-Pulli, Jogginghose, große, dunkle – ja, schielende – Augen sowie Undercut und Zopffrisur) stecken Menschen, die Freestyle-Kunststücke mit dem Ball beherrschen – im Stehen, im Liegen und auch zwischendrin im Fallen. Die UEFA wolle mit dem Maskottchen »die Schönheit des Freestyling, des Straßenfußballs und des Panna-Fußballs« zeigen, sagte Liv Cooke, eine der weltbesten Freestyler. Aber zurück zur wichtigsten Frage: Warum ist Skillzy nun kein Tier? »Wir wollten uns von den traditionellen Maskottchen der früheren EM-Endrunden entfernen, um ein Symbol zu schaffen, das mit den Fußballfans auf dem ganzen Kontinent interagiert«, sagte Guy-Laurent Epstein, Marketingdirektor bei der UEFA.

FRAGE 4

Welche Nation gewann die erste Fußball-Europameisterschaft 1960?

a) Frankreich
b) Sowjetunion
c) Jugoslawien
d) Spanien

ANTWORT

b) Sowjetunion

Etwas mehr als vier Tage dauerte die erste Endrunde der Fußball-Europameisterschaft. Am 6. Juli 1960 startete das Turnier, das damals noch »Europapokal der Nationen« hieß, in Paris und Marseille – am Abend des 10. Juli endete es mit dem Finale. Im Gegensatz zur heute recht ausladenden Endrunde spielten nur vier Mannschaften mit – in Halbfinals ermittelten sie die Finalisten. Die beiden Verlierer absolvierten noch ein Spiel um Platz drei. Das zählt mittlerweile nicht mehr zum EM-Programm. Neben Gastgeber Frankreich qualifizierten sich die Sowjetunion, Jugoslawien und die Tschechoslowakei für die erste Endrunde, die die Sowjetunion gewann. Einem 3:0 gegen die Tschechoslowakei ließ das Team der UdSSR ein 2:1 nach Verlängerung gegen Jugoslawien im Finale folgen. Milan Galić (41. Minute) traf zur Führung für Jugoslawien, Slawa Metreweli (49.) glich aus, und Wiktor Ponedelnik entschied die Partie in der Verlängerung (114.). Beim Spiel im Pariser Prinzenpark schauten nur 18.000 Menschen zu, den Franzosen fehlte nach dem Scheitern ihres Teams das Interesse am Endspiel.

Im Viertelfinale war die UdSSR gegen die hoch eingeschätzten Spanier weitergekommen – allerdings kampflos. Spaniens faschistischer Diktator Francisco Franco verbot der Mannschaft um die Real-Madrid-Größen Alfredo di Stéfano und Francisco Gento sowie Barcelonas Ladislao Kubala und Luis Suárez den Trip in die kommunistische Sowjetunion. Woraufhin die UEFA beide Begegnungen mit 3:0 für die UdSSR wertete.

FRAGE
5

Großer Held für die UdSSR war beim Titelgewinn 1960 der Torhüter Lew Jaschin. Doch nicht nur als Fußballtorwart war Jaschin begabt. In welcher Sportart gewann er noch einen nationalen Titel?

a) Im Handball
b) Im Kegeln
c) Im Eishockey
d) Im Sportschießen

Bestechender Blick: Russlands Torhüter Lew Jaschin.

ANTWORT

c) Im Eishockey

Ein Reporter der französischen Zeitung *L'Équipe* hatte sich beim EM-Turnier 1960 recht schnell seine Meinung gebildet: »Dieser Torwart hätte vermutlich jeden Angriff der Welt zur Verzweiflung gebracht«, schrieb er in seinem Bericht. Er meinte Lew Jaschin, den Torhüter der Sowjetunion. Ein mehr als passables Talent besaß er allerdings auch im Eishockey. In der Nationalsportart Nummer eins der UdSSR gewann er einen gewichtigen Titel: den Eishockey-Pokal mit Dynamo Moskau 1953. Was ihm im selben Jahr auch mit der Fußballmannschaft von Dynamo gelang. Zudem besaß Jaschin Talent als Schachspieler, im Wasserball, Tennis und Fechten.

Diese Vielseitigkeit half ihm im Fußballtor. Jaschin wurde »Schwarze Spinne« oder »Schwarzer Panther« genannt – der Farbe seines Trikots wegen und eben wegen seiner Beweglichkeit. Neben dem EM-Titel 1960 errang Jaschin mehrere sowjetische Meistertitel, 1956 wurde er Olympiasieger mit der UdSSR. Als »besten Torhüter aller Zeiten und Völker« bezeichnete ihn der legendäre portugiesische Stürmer Eusébio, 1963 wurde Jaschin als einziger Torwart überhaupt zu Europas Fußballer des Jahres gewählt. Zweifelsohne war er also ein Weltstar, doch in die weite Welt reiste er zeit seiner Karriere meist nur mit dem Nationalteam, da ihm während des Kalten Krieges ein Vereinswechsel ins Ausland verwehrt blieb. Jaschin starb am 20. März 1990, posthum wurde er von Sportjournalisten ins Tor der FIFA-Weltauswahl des 20. Jahrhunderts gewählt.

FRAGE
6

Wer wurde als Spieler und als Trainer Europameister?

a) Luis Aragonés
b) Franz Beckenbauer
c) Berti Vogts
d) Otto Rehhagel

ANTWORT

c) Berti Vogts

»Böörti, Böörti Vogts«, sang der Viva-Moderator Stefan Raab 1994 während der Fußball-WM in den USA. Es war ein Lied, das weniger die taktischen Stärken des deutschen Nationaltrainers herausstellte, sondern eher dem Spott diente: »Wer trägt Größe XXS? Böörti Vogts«, sang Raab beispielsweise. Vogts hatte es damals schwer, er folgte als Nationalcoach auf den in Deutschland alles überstrahlenden Franz Beckenbauer, der als Spieler und als Trainer Weltmeister wurde. »Wenn ich übers Wasser laufe, dann sagen meine Kritiker: Nicht mal schwimmen kann er«, sagte der in Büttgen am Niederrhein geborene Vogts einmal über die überzogene Kritik. Die *Bild-Zeitung* veröffentlichte gar ein fiktives Rücktrittschreiben nach dem Viertelfinal-Aus bei der WM 1994.

Doch Vogts blieb – und schaffte dann etwas, das weder Beckenbauer noch einem anderen europäischen Fußballer gelang: Er wurde als Spieler und als Trainer Europameister. 1972 gewann er den Titel als Kicker, wenngleich er lediglich im Aufgebot stand, im Finale aber verletzt fehlte. Der Deutsche Fußball-Bund schreibt auf seiner Webseite, dass Vogts wegen seiner Verletzung vor dem Endspiel in Brüssel weinte, ihn der Bundestrainer Helmut Schön aber zur Rücksicht auf die Mitspieler mahnte. 1996 folgte dann der EM-Triumph als DFB-Coach. Der Sieg stand so ein bisschen für die gesamte Karriere des früheren Verteidigers: »Es gab Tausende von Fußballern, die begabter gewesen sind als ich«, sagte Vogts einmal. »Doch ich war ehrgeiziger.«

FRAGE 7

Bei den Europameisterschaften 1996 und 2000 wurden die K.-o.-Spiele in der Verlängerung per Golden Goal entschieden. Wer schoss das erste Golden Goal?

a) Alan Shearer
b) Karel Poborský
c) Zinédine Zidane
d) Oliver Bierhoff

ANTWORT

d) Oliver Bierhoff

Die Tragweite des Tores war ihm gleich bewusst. Mit einem Blick, der von unbändiger Freude gekennzeichnet war, sprang der deutsche Angreifer Oliver Bierhoff nach seinem Treffer auf und rannte zum Fanblock im Londoner Wembley-Stadion am 30. Juni 1996. Auf dem Weg dorthin riss er sich das Trikot vom Leib und hüpfte wild umher. Bierhoff hatte Historisches geschafft: Mit dem ersten Golden Goal im Herrenfußball – und daher auch bei einer Europameisterschaft – entschied er in der 95. Minute das EM-Finale gegen Tschechien. Sein 15-Meter-Schuss glitt dem tschechischen Torwart Petr Kouba aus den Händen – und hoppelte anschließend vom Pfosten aus ins Tor. Bierhoff wurde zum EM-Helden, denn nach seiner Einwechslung traf er bereits zum zwischenzeitlichen 1:1 und ermöglichte so erst die Verlängerung.

Sein Trikot konnte er nach dem Siegtor getrost ausziehen, denn dank der neuen Regelung brauchte er es nicht mehr. Anders als zuvor endete die Partie nun schlagartig – per Sudden Death, dem plötzlichen Tod, den man beispielsweise auch aus dem Eishockey kennt. Vor der U20-WM 1993 hatte die FIFA das Golden Goal in ihr Regelwerk aufgenommen. Der Australier Anthony Carbone erzielte bei der Junioren-WM gegen Uruguay dann das erste offizielle Golden Goal überhaupt. Das letzte in einem internationalen Wettbewerb gelang einer deutschen Fußballerin: 2003 entschied Nia Künzer das WM-Finale gegen Schweden, in der 98. Minute traf sie zum 2:1.

FRAGE
8

Seit 1984 spielen auch die Frauen offiziell Europameisterinnen aus. Wer gewann damals das erste UEFA-Turnier?

a) Schweden
b) Deutschland
c) England
d) Norwegen

ANTWORT

a) Schweden

Kein Land hat bei den Frauen so oft den EM-Titel gewonnen wie die Auswahl des Deutschen Fußball-Bundes. Doch beim ersten UEFA-Turnier 1984 scheiterte die deutsche Nationalmannschaft der Frauen bereits in der Qualifikationsgruppe 4 an Dänemark, das gemeinsam mit England, Italien und Schweden den ersten Europameister ermittelte – in Hin- und Rückspielen in den jeweiligen Teilnehmerländern. Die Däninnen unterlagen im Halbfinale zweimal den Engländerinnen (1:2, 0:1). Besser machten es ihre Nachbarinnen aus Schweden: Sie bezwangen Italien (3:2, 2:1). Schweden durfte dann das erste Finalspiel ausrichten und gewann 1:0 in Göteborg, im Rückspiel siegte England 1:0 in Luton. Da in der Verlängerung keine Tore fielen, musste die Entscheidung im Elfmeterschießen fallen: Und wie es in der Geschichte des Fußballs so oft die Männer taten, zeigten hier auch die englischen Frauen Nerven – Schweden siegte 4:3. »Ich war als Letzte dran«, erinnerte sich die spätere schwedische Nationaltrainerin Pia Sundhage Jahre später auf der UEFA-Webseite: »Es war ein fantastischer Erfolg.«

Bereits vor Schwedens Triumph fanden zwei inoffizielle EM-Turniere in Italien statt. 1969 gewannen die Gastgeberinnen, zehn Jahre danach siegte Dänemark. Erst im Jahr 1980 entschloss sich die UEFA, eine Europameisterschaft der Frauen einzuführen. Aktuelle Titelträgerinnen sind die Niederländerinnen, sie wurden 2017 Europameisterinnen im eigenen Land. Die nächste EM findet 2022 in England statt.

FRAGE
9

Deutschlands Fußballerinnen legten die bislang längste Siegesserie bei Europameisterschaften hin. Wie oft nacheinander gewannen sie dabei den Titel?

a) Sechs Mal
b) Fünf Mal
c) Drei Mal
d) Zwei Mal

Lachen am Rathausbalkon: Inka Grings (l.) und Birgit Prinz lassen sich am Frankfurter Römer feiern.

ANTWORT

a) Sechs Mal

Es ist eine so stolze Serie der deutschen Fußballerinnen, dass sie heute fast unwirklich erscheint: Von 1995 bis 2013 gewann immer die DFB-Auswahl bei den Europameisterschaften der Fußballerinnen. Sechs Mal nacheinander feierten die Spielerinnen in Schwarz-Rot-Gold, denn anfangs wurde das Turnier noch alle zwei Jahre ausgetragen. Erst ab 1997 folgte der auch bei den Männern übliche Vier-Jahres-Rhythmus. Fast immer dabei im DFB-Team war damals Birgit Prinz, die als fünfmalige Europameisterin kurz vor dem Titel 2013 ihre Karriere beendete, im Nationalteam spielte sie bis 2011 mit. Sie ist mit 214 Länderspielen daher auch die Rekordnationalspielerin Deutschlands und erzielte zudem unerreichte 128 Tore. Zum Vergleich: Miroslav Klose als stärkster Männer-Schütze traf 71 Mal.

Als jüngste Spielerin bestritt die 17-jährige Prinz das EM-Finale 1995 in Kaiserslautern und erzielte zwei Minuten nach ihrer Einwechslung das 2:1 beim 3:2-Erfolg gegen Schweden. Bei den folgenden Titelgewinnen sollte sie dann jeweils in der Startelf stehen, zwischendurch errang sie noch die WM-Pokale 2003 und 2007 mit dem DFB-Team. Im Jahr 2013 war dann eine Torfrau Spielerin des Finales: Nadine Angerer, die zwei Elfmeter hielt. Deutschland setzte sich 1:0 gegen Norwegen durch. Die Rekordnationalspielerin Prinz arbeitet mittlerweile als Sportpsychologin, bei der WM 2019 auch für die deutsche Frauen-Nationalmannschaft. Vielleicht verhilft sie den Fußballerinnen ja zum nächsten EM-Sieg 2022.

FRAGE
10

Wer schoss die meisten Tore bei einer EM-Endrunde der Männer?

a) Cristiano Ronaldo
b) Michel Platini
c) Gerd Müller
d) Antoine Griezmann

ANTWORT

b) Michel Platini

Der Franzose Michel Platini drehte den Ball beim Freistoß an der spanischen Mauer vorbei in Richtung des Torwartecks. Diesen Ball im EM-Finale 1984 zu fangen, sollte eigentlich eine leichte Aufgabe sein für Spaniens Torhüter Luis Arconada. Er nahm ihn also auf, aber plötzlich rutschte ihm die Kugel unter dem Körper hindurch. Langsam kullerte sie hinter ihm über die Torlinie. Das war die Entscheidung des engen Finales zwischen den beiden Nachbarländern. Platini ließ sich jubelnd auf die Knie fallen, seine Mitspieler umarmten ihn. Später fiel noch das 2:0 durch Bruno Bellone, doch Platini war der Spieler des Turniers, in dem Frankreichs Fußballer erstmals einen großen Titel errangen.

Platini erzielte in allen fünf EM-Partien der Franzosen das jeweils siegbringende Tor, insgesamt traf er neunmal – und damit so oft wie kein Spieler vor und nach ihm bei einer Endrunde. Er war also der Anführer der »Brasilianer Europas«, wie die Presse im Siegerland die Nationalmannschaft nannte. Die *Süddeutsche Zeitung* schrieb nach dem Endspiel: »Frankreich – das Himmelreich des Fußballs.« Nach dem Turnier erhielt Platini den Ballon d'Or als Europas Fußballer des Jahres. Das eint ihn mit Cristiano Ronaldo, der 2016 mit Portugal Europameister wurde. Mit neun Treffern führen Platini und Ronaldo vor der EM 2021 gemeinsam die ewige EM-Torjägerliste an. Der Portugiese könnte den Franzosen also rein numerisch übertreffen – nicht allerdings in puncto Effizienz.

FRAGE
11

Wer ist der älteste Spieler, der ein EM-Spiel bestritten hat?

a) David Weir
b) Dino Zoff
c) Lothar Matthäus
d) Gábor Király

ANTWORT

d) Gábor Király

Die graue Jogginghose, das war sein Markenzeichen. Viele Kinder wollten damals in den 1990er-Jahren ein bisschen so wie der Ungar Gábor Király sein – und leisteten sich, wenn sie denn im Tor standen, so eine graue Jogginghose von ihrem Taschengeld. Denn dieser Király, der war gut. Sieben Jahre lang spielte er für Hertha BSC (1997–2004) und führte den Verein mit seinen Paraden sogar bis in die Champions League – heute nicht mehr so ganz vorstellbar. Für sein Heimatland spielte Király am 26. Juni 2016 im Alter von 40 Jahren und 86 Tagen zum letzten Mal bei einer EM. Király schnappte damit dem Deutschen Lothar Matthäus (39 Jahre, 91 Tage) den Altersrekord weg. Der älteste Endrunden-Torschütze ist der Österreicher Ivica Vastić, der 2008 daheim in Wien per Elfmeter gegen Polen erfolgreich war (38 Jahre, 257 Tage). Als Lohn dafür erhält er lebenslang 110 Liter Freibier pro Jahr von einer österreichischen Brauerei.

Király wechselte nach seiner Zeit in Berlin nach England. Später spielte er beim TSV 1860 München (2009 bis 2014). Seine Karriere beendete er 2019 bei Haladás Szombathelyi, seinem ersten Profiklub. In Királys letztem EM-Spiel, dem Achtelfinale 2016 in Frankreich, unterlagen seine Ungarn den Belgiern 0:4. Am Torwart lag es nicht: Der flog wie einst bei Hertha durch den Strafraum, als der Ausrüster Nike eigens wegen Király eine graue Jogginghose in sein Sortiment aufnahm. Seine Knie waren in etwa so verdreckt wie die der Kinder in den Jogginghosen in den 1990ern.

FRAGE 12

Wer ist der jüngste Spieler, der eine Partie bei einer EM-Endrunde bestritten hat?

a) Jetro Willems
b) Lukas Podolski
c) Enzo Scifo
d) Johan Vonlanthen

ANTWORT

a) Jetro Willems

18 Jahre und 71 Tage war der niederländische Linksverteidiger Jetro Willems alt, als er zum ersten Mal in einem Spiel bei einer Fußball-EM auf den Platz lief. Am 9. Juni 2012 feierte er gegen Dänemark seine Premiere, Willems spielte erst zum dritten Mal für die Elftal. Er ersetzte den mit einem Mittelfußbruch ausgefallenen Erik Pieters. Der junge Außenverteidiger spielte gut, als einer von wenigen Niederländern: Der Favorit verlor 0:1. »Ich war nicht überrascht, dass er gut ins Spiel gefunden hat«, sagte der niederländische Coach Bert van Marwijk über Willems. »Es war ein gutes Gefühl, weil für ihn alles neu war, aber er hat es gut gemacht.« Ein Jahr vor dem Turnier in Polen und der Ukraine gewann Willems mit dem U17-Nationalteam den EM-Titel in Serbien, durch ein 5:2 im Endspiel gegen Deutschland. Van Marwijk ließ ihn auch in den beiden folgenden Gruppenspielen gegen Deutschland und Portugal spielen, nach zwei weiteren Niederlagen schieden die Niederlande aber aus.

Willems war bei seinem EM-Debüt 44 Tage jünger als sein Vorgänger als jüngster EM-Spieler, Enzo Scifo aus Belgien. Der erlebte seinen ersten Einsatz 1984 in Frankreich, beim 2:0 gegen Jugoslawien, und schied ebenfalls in der Vorrunde aus. Dieses Schicksal teilen Willems und Scifo mit dem jüngsten Torschützen einer EM: dem Schweizer Johan Vonlanthen. Im Alter von 18 Jahren und 141 Tagen erzielte er am 21. Juni 2004 den zwischenzeitlichen Ausgleich gegen Frankreich, trotzdem verlor sein Team 1:3.

FRAGE
13

Im Jahr 2024 richtet Deutschland die Fußball-Europameisterschaft aus. Wann fand zum ersten Mal eine EM in der Bundesrepublik statt?

a) 1968
b) 1972
c) 1974
d) 1988

ANTWORT

d) 1988

Nach den Weltmeisterschaften 1974 und 2006 und der Europameisterschaft 1988 wird im Jahr 2024 das vierte Fußball-Großereignis in Deutschland stattfinden. Anders als 1988 wird das Turnier dann statt zwei vier Wochen dauern – so lange wie üblicherweise eine Weltmeisterschaft. Das liegt vor allem daran, dass mittlerweile 24 Mannschaften an Europameisterschaften teilnehmen, 1988 waren es noch acht. Im Vergabeprozess der 17. Fußball-EM im Herbst 2018 hatten sich die Deutschen gegen die Türkei durchgesetzt – mit einem deutlichen Ergebnis von 12:4 stimmte das UEFA-Exekutivkomitee für die DFB-Bewerbung.

36 Jahre zuvor setzte sich Deutschland gegen England sowie eine gemeinsame Bewerbung der skandinavischen Länder Norwegen, Schweden und Dänemark durch. Die acht qualifizierten Teams, die damals bei der Endrunde auf zwei Vierergruppen aufgeteilt wurden, spielten in München, Stuttgart, Frankfurt, Köln, Düsseldorf, Gelsenkirchen, Hannover und Hamburg. 935.681 Zuschauer schauten bei den 15 Partien zu – und damit so viele wie noch nie zuvor bei einer EM. Die DDR schaffte die Qualifikation für das Turnier nicht, die Auswahl der Bundesrepublik schlug sich dagegen wacker im eigenen Land. Nach einem Remis gegen Italien und den beiden 2:0-Siegen gegen Dänemark und Spanien warteten im Halbfinale die Spieler der Niederlande. Die setzten sich letztlich 2:1 durch und errangen danach den Europameistertitel gegen die Sowjetunion im Münchner Olympiastadion.

FRAGE 14

Eine der schlimmeren Szenen bei einer Europameisterschaft ereignete sich 1988 nach dem Halbfinale zwischen der deutschen und der niederländischen Nationalmannschaft. Niederlandes Torschütze Ronald Koeman wischte sich demonstrativ mit einem deutschen Trikot über seinen Hintern. Von welchem deutschen Spieler war das Trikot?

a) Olaf Thon
b) Lothar Matthäus
c) Rudi Völler
d) Andreas Brehme

Skandal in Hamburg: Ronald Koeman mit dem deutschen Trikot.

ANTWORT

a) Olaf Thon

Ronald Koeman hat die Aktion später öffentlich bereut. Als er sich im Jahr 2018 an die Szene vom 21. Juni 1988 erinnerte, sagte der frühere niederländische Libero: »Ich war jung und voller Emotionen.« 25 Jahre alt war Koeman, als er mit seiner Nationalmannschaft im Halbfinale der EM in Deutschland auf das DFB-Team traf. Es war schon eine eigenartig hitzige Atmosphäre, unter der die Partie stand. »Wir fressen sie auf!«, sagte Niederlandes Kapitän Ruud Gullit zuvor. Das Hamburger Volksparkstadion war ausverkauft – und zu großen Teilen ins Orange der niederländischen Fans getaucht. Die Fußballer wollten sich revanchieren für die unglückliche Finalniederlage bei der WM 1974 in München. Was sie dann auch taten: Zwar brachte Lothar Matthäus Deutschland per Elfmeter in Führung, doch Koeman glich aus – ebenfalls per Strafstoß. In der 89. Minute entwischte dann der damals weltbeste Mittelstürmer Marco van Basten dem damals weltbesten Innenverteidiger Jürgen Kohler und traf zum 2:1 für die Niederlande.

»Das war ja damals der pure Hass«, erinnerte sich Olaf Thon 2018 gegenüber der *Münchner Abendzeitung* an das Halbfinale. Nach der Partie tauschte der Mittelfeldspieler sein Dress mit Koeman – und der wischte sich damit symbolisch seinen Hintern ab. »Ich habe immer gesagt: Besser, er wischt sich mit dem Trikot den Hintern ab, als dass er mir von hinten in die Achillessehne tritt«, fand Thon. Bis zum Sommer 2020 war Koeman übrigens Bondscoach der niederländischen Auswahl.

FRAGE 15

Eine Europameisterschaft dient natürlich auch der Völkerverständigung im Fußball. Was nennen die Österreicher »Steirergoal«?

a) Ein Tor mit der Hand
b) Ein Tor mit der Hacke
c) Ein Tor nach einem Torwartfehler
d) Einen Beinschuss

ANTWORT

c) Ein Tor nach einem Torwartfehler

Österreicher bedienen sich gerne der Begriffe aus dem Fußball-Mutterland England: Der Eckball ist dann eben mal ein »Corner«, der Elfmeter ein »Penalty«, der Ball befindet sich im »Out« statt im Aus, und ein Tor darf auch ein »Goal« sein. Doch nicht nur die englischen Einflüsse prägen die Sprache der Alpenrepublik – Österreichs Fußballer wählen manchmal auch ihre ganz eigenen Worte: Die Rede ist dabei vom »Gurkerl« fürs Tunneln oder den Beinschuss, wie man in Deutschland sagen würde. Oder vom »Badkickerl«, dem in Deutschland der Grottenkick als Begriff für ein schwaches Fußballspiel entspricht.

Ein vermeidbares Gegentor nach einem heftigen Patzer ist wiederum ein »Steirergoal«, diese österreichisch-englische Kombination soll nach dem Journalisten und Autoren Robert Sedlaczek (»Das österreichische Deutsch«) auf den ehemaligen Torwart Rudolf Hiden zurückgehen. Sedlaczek beschrieb diese Version in einer Kolumne in der *Wiener Zeitung* vor der EM 2008 in Österreich und der Schweiz: Hiden, der in Graz in der Steiermark geboren wurde, hat sich der Legende nach im Jahr 1927 einmal einen Patzer im Tor des damaligen Erstligisten Wiener AC erlaubt. Anschließend ätzte der Vordermann Karl Sesta angeblich: »So a Türl kann a nur a Steirer kriegen!« Davon anscheinend wenig beeindruckt wurde Hiden später trotzdem Nationaltorhüter des sogenannten »Wunderteams« der Österreicher, das zwischen 1931 und 1933 beachtliche Kantersiege feierte (u. a. 6:0 und 5:0 gegen Deutschland).

FRAGE
16

Wer ist der erste Trainer, der bei vier Europameisterschaften als Coach tätig war?

a) Joachim Löw
b) Fatih Terim
c) Guus Hiddink
d) Lars Lagerbäck

ANTWORT

d) Lars Lagerbäck

Wer Island erstmals zur Europameisterschaft führt, der muss ein besonderer Trainer sein: Der Schwede Lars Lagerbäck, der sich damals den Trainerjob mit dem Isländer Heimir Hallgrimsson teilte, ließ mit dem Nationalteam in der Qualifikation zur EM 2016 sogar die favorisierten Niederländer hinter sich. Sie mussten die EM in Frankreich vor dem Fernseher verfolgen. Im Verlauf des Turniers erreichten die Isländer gar das Viertelfinale gegen den Gastgeber, das sie dann 2:5 verloren. Dass Lagerbäck nach der Endrunde in Island aufhören sollte, war da bereits verabredet. Hallgrimsson sagte daher bei einer Pressekonferenz: »Ich weiß, Lars, du magst keine Komplimente, aber nach Island zu kommen und uns so viele Dinge beizubringen, das ist unbezahlbar. Wir werden erst in Zukunft begreifen, wie viel Know-how hierbleibt, wenn du gehst.« Hallgrimsson, im Zweitjob Zahnarzt auf einer der Westmännerinseln, die zu Island gehören, schaffte mit dem Team danach auch die Qualifikation für die WM 2018 in Russland.

Lagerbäck qualifizierte sich vor seiner Zeit bei den Isländern bereits drei Mal für eine EM-Endrunde – von 2000 bis 2008 jeweils mit seinem Heimatland Schweden. Schon dort war er ab 2000 vier Jahre lang gleichberechtigter Nationaltrainer mit Tommy Söderberg. Die erfolgreiche Doppelspitze hat also System, 2004 erreichte Lagerbäck mit Söderberg schon einmal ein EM-Viertelfinale. Schweden scheiterte erst im Elfmeterschießen – an den Niederländern.

FRAGE
17

Warum nahm Deutschland nicht an den ersten beiden Europameisterschafts-Endrunden 1960 und 1964 teil?

a) Die DFB-Auswahl schied in der Qualifikation aus.
b) Bundestrainer Sepp Herberger sah das Turnier als Zeitverschwendung.
c) Deutschland wurde aus politischen Gründen ausgeschlossen.
d) Der DFB war damals noch kein UEFA-Mitglied.

ANTWORT

b) Bundestrainer Sepp Herberger sah das Turnier als Zeitverschwendung.

»Der Ball ist rund.« – »Ein Spiel dauert 90 Minuten.« – »Nach dem Spiel ist vor dem Spiel.« – Und eine Fußball-Europameisterschaft ist »Zeitverschwendung«. Etwas überspitzt formuliert kann man so den Zitate-Nachlass des ehemaligen Bundestrainers Sepp Herberger kurz zusammenfassen. Herberger war von 1936 bis 1942 und von 1950 bis 1964 Trainer der deutschen Nationalmannschaft und führte die Bundesrepublik während seiner zweiten Amtszeit zum ersten Weltmeistertitel 1954 gegen Ungarn (3:2) im Berner Wankdorfstadion. Anders als die weltweiten Titelkämpfe hat er die kontinentalen anfangs allerdings nicht geschätzt. »Zwischen zwei Weltmeisterschaften ist der Neuaufbau einer starken Nationalmannschaft die erste Aufgabe. Ein Europaturnier stört«, schrieb er in sein Tagebuch. Es sei eben »Zeitverschwendung«.

Mit dieser Meinung stand er vor dem ersten Turnier 1960, das noch unter dem Namen »Europapokal der Nationen« firmierte, nicht alleine da. Auch andere bekannte Fußball-Nationen wie Italien oder England wollten nicht mitspielen, insgesamt sagten zehn Länder ab. Und erst nachdem die UEFA die Meldefrist für ihr neues Turnier verlängert hatte, fanden sich 1958 immerhin 17 Länder, die teilnahmen. Die Endrunde startete nach Ausscheidungsrunden mit Hin- und Rückspielen erst mit den Halbfinals. Frankreich wurde nach der erfolgreichen Qualifikation dafür als Gastgeberland bestimmt.

FRAGE 18

Nur einmal schied das Team der Bundesrepublik Deutschland bereits in der EM-Qualifikation aus. Gegen wen leistete sich die Nationalmannschaft den entscheidenden Punktverlust am letzten Gruppenspieltag?

a) Frankreich
b) Albanien
c) Jugoslawien
d) Luxemburg

ANTWORT

b) Albanien

»Das Wunder ist doch geschehen« und »Geschenk aus Tirana«, titelten die jugoslawischen Zeitungen ihre Spielberichte und Kommentare nach dem überraschendem Remis der deutschen Nationalmannschaft. Als »Schmach von Tirana« ist das 0:0 des DFB-Teams in Albanien dagegen hierzulande bekannt. Nach einem Remis beim krassen Außenseiter verpasste die Nationalelf überraschend die EM 1968 in Italien, zu der dagegen Jugoslawien fahren durfte. »Alles ist recht unglücklich gelaufen«, klagte der Bundestrainer Helmut Schön. Der 17. Dezember 1967, der Spieltag in Tirana, wurde ein »Schwarzer Tag des deutschen Fußballs« *(kicker)*.

Bei den ersten beiden EM-Auflagen 1960 und 1964 hatte die Nationalmannschaft unter dem Trainer Sepp Herberger noch von sich aus auf eine Teilnahme verzichtet, 1968 aber wollte sie dabei sein. Und eigentlich lief die Qualifikation in der Gruppe 4 auch ordentlich, daher hätte ein Sieg in Tirana gereicht, um sich für die EM zu qualifizieren – eigentlich eine Formsache, so schien es. Vor 30.000 Zuschauern in Albaniens Hauptstadt tat sich Schöns Elf dann aber schwer: »Wer erwartet hatte, daß (sic!) die deutsche Nationalelf von Beginn an dank des Mittelfeld-Duos Netzer-Overath klar überlegen sein würde, sah sich sehr bald eines Besseren belehrt«, schrieb die *Süddeutsche Zeitung*. Albaniens Mannschaft verteidigte in der zweiten Halbzeit tapfer zu elft am Strafraum – und schaffte kurz vor Weihnachten ihr kleines Fußballwunder.

FRAGE
19

Was verbindet die jeweiligen Siegtorschützen der deutschen Nationalmannschaft (Gerd Müller, Horst Hrubesch und Oliver Bierhoff) der drei EM-Finalspiele 1972, 1980 und 1996?

a) Alle spielten beim FC Bayern München.
b) Alle schossen zwei Endspieltore.
c) Alle standen schon in der Startelf.
d) Alle wurden eingewechselt.

ANTWORT

b) Alle schossen zwei Endspieltore.

Vor dem Eckball wies der deutsche Eckenschütze Karl-Heinz Rummenigge im Olympiastadion in Rom die Fotografen um ihn herum noch schnell an, dass sie ihre Kameras nun auf Horst Hrubesch richten sollten. Der deutsche Angreifer galt als »Kopfballungeheuer«, sein Zusammenspiel mit dem für seine gekrümmten Bananenflanken gefürchteten Manfred Kaltz beim Hamburger SV beschrieb er im Fernsehen einmal so: »Manni Banane, ich Kopf – Tor!« Nun sollte allerdings der Münchner Rummenigge flanken, was er nach der Anweisung an die Fotografen tat. Im Strafraum schien Hrubesch dann tatsächlich in der Luft zu schweben, deutlich höher als der belgische Nationaltorwart Jean-Marie Pfaff. Der damals 29-Jährige köpfte das 2:1 für das DFB-Team kurz vor dem Ende der Partie. Deutschland war dank seiner ersten beiden Länderspieltore Europameister 1980.

Der gelernte Fliesenleger Hrubesch war erst mit 24 Jahren Bundesliga-Stürmer bei RW Essen geworden. Zur EM 1980 wurde er kurzfristig nominiert, nachdem sich der Schalker Klaus Fischer das Bein gebrochen hatte. Nach dem Endspiel sagte Hrubesch: »Ich bin völlig fertig mit der Welt. Eine Verlängerung hätte ich nicht durchgestanden.« Wie er haben auch die beiden Angreifer Gerd Müller (1972) und Oliver Bierhoff (1996) jeweils zweimal getroffen in ihren EM-Endspielen. Müller erzielte die Führung und setzte den Schlusstreffer beim 3:0 gegen die UdSSR. Bierhoff wurde im Finale eingewechselt und drehte danach die Partie gegen Tschechien (2:1).

FRAGE
20

Als eines der stärksten EM-Aufgebote gilt der Kader der Bundesrepublik 1972, der bei der Endrunde in Belgien den Titel gewann. Wie viele Spieler des Aufgebots waren beim Zeitpunkt des Triumphs in Brüssel bereits über 30 Jahre alt?

a) 14
b) 8
c) 2
d) Keiner

Mit Bingener Hilfe kann es ja nur gut gehen: Deutschland wird Europameister 1972.

ANTWORT

d) Keiner

Die Mischung macht's im Mannschaftssport Fußball. Daher berufen die Nationaltrainer meist junge Wilde sowie erfahrene Fußballer in ihre Kader. Der Bundestrainer Helmut Schön baute vor der EM 1972 dagegen auf eine andere Zusammenstellung und sorgte so für ein Novum: Als einziger Coach überhaupt gewann er mit einer Mannschaft aus lauter Unter-30-Jährigen den EM-Titel. Als erster aus dem Kader feierte der Kölner Hannes Löhr zweieinhalb Wochen nach dem Endspiel seinen 30. Geburtstag. Schön hatte allerdings eine andere schlagkräftige Mischung zusammengestellt, die europaweit kein Team stoppen konnte. Er setzte auf die Struktur der zwei Blöcke und erfand so ein ideales Team: Sechs Spieler des FC Bayern München um Libero Franz Beckenbauer und Mittelstürmer Gerd Müller standen in der ersten Elf, dazu drei Spieler von Borussia Mönchengladbach, unter denen besonders der Spielmacher Günter Netzer herausragte. Die beiden Teams bestimmten die Bundesliga in den 1970er-Jahren, die Bayern gewannen zudem drei Europapokale der Landesmeister in Serie (1974 bis 1976) und Gladbach zwei UEFA-Pokaltitel (1975, 1979).

Bis heute sprechen die Experten bei der 1972er-Mannschaft vom spielstärksten Team, das je für Deutschland antrat. Als Lohn erhielt der Deutsche Fußball-Bund nach dem 3:0-Finalsieg gegen die UdSSR seinen ersten europäischen Titel. Zwei Jahre danach errang die nahezu aus den gleichen Spielern zusammengestellte westdeutsche Mannschaft dann auch noch den WM-Titel im eigenen Land.

FRAGE
21

In welcher Sportart schlug der Mittelstürmer Gerd Müller den Bundestrainer Helmut Schön einen Tag vor dem EM-Finale 1972 in Brüssel?

a) Im Schach
b) Im Tischfußball
c) Im Boccia
d) Im Tischtennis

ANTWORT

d) Im Tischtennis

Im Halbfinale warf Gerd Müller dann seinen Trainer Helmut Schön aus dem kleinen Turnier im Brüsseler Flughafenhotel. Gerd Müller, der als deutscher Mittelstürmer nach Belieben traf, war eben auch im Tischtennis schwer zu besiegen. Er gewann das teaminterne Turnier. Und tags darauf mit seinen Mitspielern auch den EM-Titel.

Der Bundestrainer Schön ließ gerne zur Auflockerung Tischtennis spielen, wenn er seine Mannschaft zusammenholte. Spielekonsolen, die Ablenkung der heutigen Fußballergeneration, waren damals ja noch nicht erfunden, ein drohender Lagerkoller ließ sich so durch traditionelle Wettkämpfe verhindern. Dabei ließ Schön auch etwas springen: Wie die *Süddeutsche Zeitung* damals in der Ausgabe nach dem Endspiel berichtete, errang Müller durch seinen Erfolg eine Eintrittskarte für das Länderspiel der DFB-Elf am 15. November 1972 gegen die Schweiz in Düsseldorf. »Wenn ich nun nicht aufgestellt werde, so ist mir auf jeden Fall schon ein Platz auf der Tribüne sicher«, scherzte der Stürmer des FC Bayern München. Wohl wissend, dass er seinen Stammplatz alleine wegen seiner Treffsicherheit sicher hatte: Bis zum Ende seiner Karriere schoss Müller 68 Tore in nur 62 Länderspielen, zudem gewann er nicht nur Eintrittskarten, sondern auch Torjägerkanonen: Sieben Mal wurde er Torschützenkönig der Bundesliga. Die Tribünenkarte konnte er daher tatsächlich nicht einlösen. Er schoss stattdessen unten auf dem Düsseldorfer Fußballplatz vier Tore beim 5:1 des DFB-Teams.

FRAGE
22

Wie hieß das erste EM-Maskottchen?

a) Willy
b) Pinocchio
c) Luigi
d) Goaliath

ANTWORT

b) Pinocchio

Im Jahr 1980 kamen erstmals Veranstalter einer Europameisterschaft auf die Idee, ein Maskottchen für ihre Veranstaltung zu kreieren. Gastgeberland Italien entwarf eine kleine Holzfigur, die ein weißes Papierschiffchen als Hut trug, auf dem »Europa 80« geschrieben war. Schwarze Haare stachen unter dem Hut hervor, im Gesicht offenbarte die lange Nase in den italienischen Landesfarben endgültig das Vorbild: Pinocchio, die kleine Holzfigur aus den Erzählungen von Carlo Collodi. 1881 waren die Geschichten Pinocchios erstmals als Fortsetzungsroman in einer italienischen Wochenzeitung erschienen, später wurde ein Buch daraus. Der Name des Holzmännchens setzt sich zusammen aus den italienischen Worten »pino« (Kiefer/Pinie) und »occhio« (Auge). Die charakteristische lange Nase wächst Pinocchio in Collodis Geschichten beim Lügen.

Zum 99. Geburtstag gedachten dann die EM-Veranstalter der berühmtesten italienischen Märchenfigur. Im rechten Arm hielt diese auch einen Fußball, den hatte ihr Collodi einst nicht zur Seite gestellt. Dieser Maskottchen-Einsatz war übrigens nicht der einzige für Pinocchio: Bei den Straßenrad-Weltmeisterschaften im September 2013 in Florenz war er noch einmal gefragt. Dass der Radsport-Weltverband ausgerechnet den für seine Lügen bekannten Pinocchio auswählte, überraschte die Szene, schließlich ist die Sportart immer noch von ihren Dopingskandalen geplagt. Die Wahl war aber eher eine Hommage an Collodi – Florenz war seine Heimatstadt.

FRAGE
23

Was war bei der EM 2016 in Frankreich erstmals bei einer Endrunde der Fall? (Mehrere Antworten möglich)

a) 24 Teilnehmer
b) Elf Spielorte
c) Irland als Teilnehmer
d) Dritte Endrunden-Austragung in einem Land

Schnappschuss von der EM 2016: Frankreichs Moussa Sissoko (vorne) versucht, ein Tor zu erzielen.

ANTWORTEN

a) 24 Teilnehmer und
d) Dritte Endrunden-Austragung in einem Land

Zum 15. Mal fand 2016 eine Fußball-Europameisterschaft statt – und nach 1960 und 1984 empfingen die Franzosen bereits zum dritten Mal die besten Mannschaften des Kontinents. Frankreich hatte sich mit seiner Bewerbung gegen Italien sowie die Türkei durchgesetzt. Die letzte Abstimmungsrunde des UEFA-Exekutivkomitees gewannen die Franzosen mit 7:6 Stimmen gegen die Türkei. Freuen durften sich danach auch die Hoteliers im Land: Denn anders als bei den Endrunden zuvor gastierten erstmals 24 Mannschaften – und das an zehn Spielorten in Frankreich. Natürlich kamen so auch in der Summe die meisten Zuschauer bei einer EM zusammen. 2.427.303 Besucher strömten nach DFB-Angaben zu den 51 Partien, was einem Schnitt von 47.594 Zuschauern entspricht. Nur einmal war der Schnitt höher: bei der EM 1988 in Deutschland (62.379). Und auch die 31 Turniertage von 10. Juni bis 10. Juli 2016 stellten einen Rekord dar.

Insgesamt fünf EM-Debütanten waren in Frankreich dabei: die Nationalmannschaften aus der Slowakei, Albanien, Island, Wales und Nordirland. Besonders überzeugend kickten die Waliser mit Real Madrids Gareth Bale, die das Halbfinale erreichten. Verändert hat sich durch die Aufstockung von zuvor 16 auf 24 Teams auch die Turnierstruktur: Die Vorrunde startet inzwischen mit sechs Vierer-Gruppen, danach folgt statt des Viertelfinales ein Achtelfinale. Somit können anders als zuvor auch vier Gruppendritte der Vorrunde noch weiterkommen.

FRAGE
24

Wem verweigerte Portugals Stürmer Cristiano Ronaldo bei der EM 2016 den Trikottausch auf dem Platz?

a) Aron Gunnarsson
b) Christian Fuchs
c) Balázs Dzsudzsák
d) Kamil Glik

ANTWORT

a) Aron Gunnarsson

Das isländische Team und seine Fans waren eine der Attraktionen der Fußball-EM 2016 in Frankreich. Erstmals waren sie bei einem großen Turnier dabei, fast ein Zehntel der 350.000 Einwohner soll auf Frankreich-Tour unterwegs gewesen sein – und nach den erfolgreichen Partien führten die Isländer ihren typischen Jubel auf. Die Spieler klatschten dazu vor der Tribüne im Takt und schrien mit den Fans nach jedem Klatschen »Huh«. Die Choreographie kam über die sozialen Netzwerke weltweit an. Ebenso wie der TV-Kommentator Gudmundur Benediktsson, auf Island nur Gummi Ben genannt, dessen Kommentar sich dadurch auszeichnete, dass er sich heiser schrie ob der starken Leistungen seiner Landsleute.

Nicht so glücklich war hingegen der portugiesische Top-Spieler Cristiano Ronaldo mit dem Auftritt der Isländer. »Die haben gefeiert, als wären sie gerade Europameister geworden. Das ist eine kleingeistige Mentalität«, sagte er nach dem 1:1 zu Turnierbeginn. Der Frust saß wohl noch tief, als Islands Mittelfeldspieler Aron Gunnarsson ihn antippte und danach fragte, ob er denn sein Trikot mit ihm tauschen wolle. Ronaldo verweigerte die Bitte zunächst auf dem Platz und antwortete Gunnarsson stattdessen: »Inside« – also im Innenraum. Auch dort kam es nicht mehr zum Trikottausch der beiden Kapitäne. Daher schenkte der Mitspieler Alfred Finnbogason Gunnarsson Tage später im Teamhotel ein Ronaldo-Trikot, wie ein Instagram-Bild ihres Teamkollegen Gylfi Sigurdsson zeigte.

FRAGE 25

Was stimmt über die portugiesische Mannschaft, die die EM 2016 in Frankreich gewann?

a) Nur das Finaltor wurde nicht von Cristiano Ronaldo erzielt.
b) Nur ein Feldspieler bekam keinen Einsatz, Sporting Bragas Stürmer Rafa Silva.
c) Nur ein Endrundenspiel gewann das Team nach 90 Minuten, das Halbfinale gegen Wales.
d) Nur ein Spieler spielte bei Turnierbeginn für einen Verein aus dem Gastgeberland Frankreich, Angreifer Éder bei Lille.

ANTWORT

c) Nur ein Endrundenspiel gewann das Team nach 90 Minuten, das Halbfinale gegen Wales.

Da hat eine Änderung der UEFA schnell etwas bewirkt: Gleich der erste Europameister profitierte von der Aufstockung auf 24 Teams. Portugal siegte im Jahr 2016 in nur einem Spiel nach der regulären Spielzeit, durch Tore von Cristiano Ronaldo und Nani bezwangen die Portugiesen im Halbfinale Wales 2:0. Zuvor allerdings haperte es gewaltig beim Team des Trainers Fernando Santos. So wäre es nach der alten Regelung schon in der Vorrunde ausgeschieden – nach drei Unentschieden gegen Island, Österreich und Ungarn belegte Portugal Rang drei in Gruppe F. Bis 2016 zogen nur die ersten beiden Teams in die nächste Runde, das Viertelfinale, ein. Ab dem Turnier in Frankreich durften allerdings auch die vier besten Gruppendritten weiterkämpfen, schließlich füllten sie das Achtelfinale mit den sechs Gruppensiegern und -zweiten auf. Durch das 3:3 gegen Ungarn am letzten Gruppenspieltag rettete Cristiano Ronaldo sein Team.

Der Einzug ins Viertelfinale gelang danach durch ein 1:0 nach Verlängerung gegen Kroatien. Gegen Polen musste die Mannschaft dann gar ins Elfmeterschießen. Portugals Spieler trafen mit jedem Schuss, ihr Torwart Rui Patrício hielt Jakub Błaszczykowskis Elfmeter. Nach dem flinken Erfolg im Anschluss gegen Wales waren die Portugiesen wieder fit für Extra-Zeit: Das Finale gegen Frankreich gewannen sie 1:0 nach Verlängerung. »Europa-Champion mit nur einem Sieg!«, schrieb die serbische Zeitung *Kurir* – eine kuriose Geschichte.

FRAGE 26

Welcher Schiedsrichter leitete die meisten Spiele bei Europameisterschaften?

a) Urs Meier
b) Markus Merk
c) Anders Frisk
d) Pierluigi Collina

ANTWORT

c) Anders Frisk

Den Schiedsrichter Anders Frisk kann man nicht beschreiben, ohne von seinem Karriereende zu erzählen. »Das waren die schlimmsten 16 Tage in meiner Laufbahn. Ich habe meine Tochter aus Angst den Briefkasten nicht mehr öffnen lassen«, sagte Frisk der schwedischen Zeitung *Aftonbladet*. Nach Angaben des Schweden gingen damals, im Jahr 2005, zahlreiche Morddrohungen von Anhängern des Fußballklubs FC Chelsea per Telefon, Post und Mail bei ihm ein. »Ich werde nie wieder einen Fußballplatz betreten«, sagte Frisk. Zuvor hatte er am 23. Februar 2005 das Champions-League-Spiel zwischen dem FC Barcelona und dem Londoner Klub geleitet, in der 56. Minute zeigte er Chelseas Torjäger Didier Drogba die gelb-rote Karte. Trainer José Mourinho, dessen Team in der Folge nach einem 1:0 noch 1:2 verlor, warf dem Schiedsrichter vor, in der Halbzeit mit Barcelonas Coach Frank Rijkaard gesprochen zu haben. Das brachte die Fans erst auf die Idee der Morddrohungen.

Frisk war in den frühen Nuller-Jahren neben Pierluigi Collina und Markus Merk einer der Top-Schiedsrichter im Fußball. Er hatte allerdings schon einmal einen Fan-Angriff erleiden müssen: Im September 2004 war er in Rom von einer Münze getroffen worden, das Spiel wurde abgebrochen. »Ich bin Dingen ausgesetzt worden, die für mich früher unvorstellbar waren. Jetzt hoffe ich, dass diese Leute damit aufhören, wenn sie wissen, dass ich nicht mehr pfeife.« Frisk trat mit einem Rekord ab: Kein anderer Schiedsrichter leitete acht EM-Spiele.

FRAGE 27

Warum musste der dänische Angreifer Nicklas Bendtner bei der EM 2012 in Polen und der Ukraine 100.000 Euro Strafe zahlen und wurde für ein Spiel gesperrt?

a) Wegen eines Torjubels
b) Weil er seinen Sohn mit aufs Feld nahm
c) Wegen einer Spuckattacke
d) Weil er mit Alkohol am Stadiongelände erwischt worden war

ANTWORT

a) Wegen eines Torjubels

Der Däne Nicklas Bendtner musste im Jahr 2019 einmal 50 Tage lange eine Fußfessel tragen, nachdem er einen Taxifahrer in Kopenhagen den Kiefer gebrochen hatte. Es kann also schon vorkommen, dass der Stürmer seine Beherrschung verliert. Doch als die UEFA im Sommer 2012 die drakonische 100.000-Euro-Strafe und ein Spiel Sperre nachträglich gegen ihn verhängte, da hatte er sich auf den ersten Blick nichts zuschulden kommen lassen. Bendtner jubelte über ein Tor gegen Portugal, er zog dabei sein Trikot ein paar Zentimeter hoch, legte ein paar Quadratzentimeter Bauchhaut frei und zog das Trikot schließlich wieder runter. Auf den zweiten Blick legte die Jubelei aber eben nicht nur Bauchhaut, sondern auch eine grüne Boxershorts frei – auf deren weißem Bund in schwarzer Schrift stand: »Paddy Power«. Hinter dem Namen verbirgt sich eine irische Wettfirma. Der Disziplinarausschuss der UEFA wertete den Torjubel als Werbung, die Spielern bei EM-Turnieren untersagt ist. Bendtners Berater Jesper Lynghus sprach von den »teuersten Unterhosen der Welt«.

Der Stürmer ging danach gegen die Bestrafung wegen »ungebührlichen Verhaltens« vor. »Ich habe die Hose von einem Kumpel geschenkt bekommen«, sagte er zu seiner Verteidigung. »Sie sollte mir nur Glück bringen.« Mit seinem Einspruch hatte er keinen Erfolg, dafür jedoch bei der Finanzierung seiner Strafe: Der irische Buchmacher, der sich über ungewohnt üppige Berichterstattung gefreut haben dürfte, übernahm die Bendtner-Buße.

FRAGE 28

Welchen Namen trägt der EM-Pokal?

a) Coupe Michel Platini
b) Coupe Pierre de Coubertin
c) Coupe Jules Rimet
d) Coupe Henri Delauney

Männer mit Pokal: Portugals Fußballspieler mit der EM-Trophäe 2016 in Frankreich.

ANTWORT

d) Coupe Henri Delauney

Die großen Sportveranstaltungen der Neuzeit gehen auf die Ideen von Franzosen zurück: Die Olympischen Spiele belebte Pierre de Coubertin wieder, der ehemalige FIFA-Präsident Jules Rimet gilt als Erfinder der Fußball-Weltmeisterschaft, und Henri Delaunay, Generalsekretär des französischen Fußballverbandes und später der UEFA, hatte die Idee zur Europameisterschaft. Auch wenn er anders als die beiden zuvor genannten Funktionäre die Verwirklichung seiner Idee nicht mehr erlebte.

Denn so schnell wie die beiden anderen Franzosen ihre Pläne umsetzten, war Delauney nicht. Bereits im Jahr 1927 hatte er die Idee zur EM. Doch erst einmal stand für die FIFA im Vordergrund, eine WM einzuführen, was Rimet 1930 gelang. Als die Europäische Fußball-Vereinigung UEFA dann im Jahr 1954 gegründet wurde, kam Delauneys Vision wieder auf. Die französische Sportzeitung *L'Equipe* schlug vor, eine EM zu starten – mit Hin- und Rückspielen unter der Woche, also noch ohne Turniercharakter. Delauney, mittlerweile UEFA-Generalsekretär, unterstützte den Vorschlag, starb jedoch im Jahr 1955. Drei Jahre später startete dann der sogenannte »Europapokal der Nationen«, der letztlich doch mit einer Endrunde endete – in Delauneys Geburtsland. Sein Sohn Pierre folgte ihm als Generalsekretär der UEFA und realisierte die Umsetzung des Turniers. Die silberne Siegertrophäe für den Europameister wurde dem Visionär zu Ehren Coupe Henri Delauney benannt.

FRAGE 29

Seit wann gibt es eine neue Version des Coupe Henri Delauney, der Siegertrophäe der Fußball-Europameisterschaft?

a) Seit der Fußball-EM 1984
b) Seit der Fußball-EM 2000
c) Seit der Fußball-EM 2008
d) Der Fakt ist ausgedacht. Es gibt gar keine neue Version des EM-Pokals.

ANTWORT

c) Seit der Fußball-EM 2008

Spaniens Nationaltorwart Iker Casillas war der erste Kapitän, der die neue Siegertrophäe der Fußball-Europameisterschaft in die Höhe recken durfte. Zur EM 2008 in Österreich und der Schweiz hatte die UEFA einen neuen Wanderpokal eingeführt, der immer noch den ursprünglichen Namen Coupe Henri Delauney trägt. Vom Original, das seit 1960 im Einsatz war, unterscheidet sich der neue Pokal schon auf dem ersten Blick in der Größe: 18 Zentimeter länger ist der neue Henkelpott aus Sterlingsilber, er wiegt mit acht Kilogramm nach UEFA-Angaben zudem zwei Kilogramm mehr. »Als eines der beiden wichtigsten Fußball-Turniere der Welt brauchte die EURO einen größeren Pokal, der sich auch von den anderen Trophäen abhebt«, begründete der damalige UEFA-Mediendirektor William Gaillard die Veränderung. Die EM wollte der WM also auch symbolisch näher sein, wenngleich zur Begründung noch anzumerken ist: Der WM-Pokal ist gerade einmal 36,8 Zentimeter hoch und damit sogar kleiner als der alte Coupe Henri Delauney.

Dessen charakteristischer Marmorsockel unterhalb des Pokals wurde in der neuen Version entfernt, daher werden die Europameister inzwischen auf die Rückseite der Trophäe graviert. Während das Original aus dem Jahr 1960 von einem französischen Goldschmied stammt, zeichnete sich 48 Jahre später der Londoner Juwelier Asprey für die Umsetzung des Entwurfs verantwortlich. Der neue Pokal kostete der UEFA 15.400 Euro.

FRAGE 30

Wie viel Preisgeld gibt es alleine für den Finalsieg bei der Europameisterschaft 2021?

a) 25 Millionen Euro
b) 20 Millionen Euro
c) 15 Millionen Euro
d) Zehn Millionen Euro

ANTWORT

d) Zehn Millionen Euro

Wieder einmal wuchs das Preisgeld bei der Fußball-Europameisterschaft. Nach 301 Millionen Euro im Jahr 2016 schüttet die UEFA bei der EM 2021 371 Millionen Euro unter den 24 Teilnehmern aus, so viel wie noch nie zuvor. Allein der Sieger des Endspiels im Londoner Wembley-Stadion bekommt zehn Millionen Euro – wenngleich dann natürlich auch Erfolgsprämien an die Spieler anfallen: Jeder DFB-Kicker dürfte wohl mit etwa 300.000 Euro EM-Prämien rechnen, so viel Geld hätte es zumindest bei einem Europameistertitel 2016 in Frankreich gegeben.

Der Finalverlierer bekommt übrigens immerhin sieben Millionen Euro. Doch beim Finalgeld bleibt es nicht: 9,25 Millionen Euro erhält jede Mannschaft ja schon für die Turnierteilnahme, gab die UEFA bei einem Kongress in Bratislava im Februar 2018 bekannt. 2016 in Frankreich waren es noch acht Millionen Euro. Dazu kommen im Jahr 2021 pro Sieg in der Gruppenphase 1,5 Millionen Euro und pro Remis 750.000 Euro. Zwei Millionen Euro gibt es für die Achtelfinal-Teilnahme, weitere 3,25 Millionen Euro fürs Viertelfinale sowie fünf Millionen Euro für die Halbfinal-Teilnahme. Das deutsche Team kam bei der EM 2016 ins Halbfinale – und damit nach dem alten Prämiensatz auf 18,5 Millionen Euro Preisgeld. Mit 25,5 Millionen Euro fuhr Portugal als Europameister 2016 nach Hause. Bei der EURO 2020 verdient schon der Finalverlierer mehr Geld – und der Sieger kassiert im besten Falle, also mit drei Siegen in der Gruppenphase, 34 Millionen Euro.

FRAGE
31

Was war das Besondere am EM-Maskottchen 1988, dem Hasen Berni?

a) Er hatte noch ein kleines Hasenkind im Schlepptau, Benni.
b) Schon sein Vorgänger-Maskottchen bei der EM 1984 war ein Hase: Pilo.
c) Er rückte beim nächsten Turnier 1992 in Schweden noch einmal als Maskottchen aus.
d) Er war das erste Maskottchen, das Schuhe trug.

Drei Protagonisten 1988: DFB-Teamchef Franz Beckenbauer (Mitte), Co-Trainer Holger Osieck (r.) und Berni.

ANTWORT

c) Er rückte beim nächsten Turnier 1992 in Schweden noch einmal als Maskottchen aus.

Natürlich trug Berni eine Hose, er trug auch Trikot, Stutzen, Stirnband und Schweißbänder. Berni, diesen Eindruck bekommt man schnell, hatte seine Vorstellung, wie sich ein Maskottchen im Fußball zu kleiden hat. Vielleicht war er sogar ein bisschen auf sein Äußeres bedacht. Und allem Anschein nach wäre ihm der Aufzug seines Nachfolgers Goleo VI sicher etwas schmuddelig vorgekommen, der zur WM 2006 in Deutschland ohne Stutzen, Schweiß- und Stirnband, aber törichterweise auch ohne Hose vor die Türe trat. Der rasende Hase Berni wirkte wie ein Gegenentwurf zum breiten, zotteligen Löwen, der zeitweise mit einem Fußball redete.

Berni war das Maskottchen der EM 1988 in Deutschland. Sein Name ist kein gewöhnlicher Hasenname, möchte man an dieser Stelle anmerken, doch der Deutsche Fußball-Bund hatte sich da was überlegt: Er benannte das Tier nach dem Ort Bern, weil die UEFA damals dort ihren Sitz hatte. Und, na, warum wohl noch? Genau, weil die deutsche Nationalmannschaft im dortigen Wankdorfstadion im Jahr 1954 ihren ersten WM-Titel gewann. Berni folgte auf Peno, einem Hahn, der anders als zum Start Pinocchio auch schon Schuhe trug. Berni kam an in Europa, davon zeugt auch der Umstand, dass er nicht nur bei der EM 1988 als Maskottchen wirkte, sondern vier Jahre später in Schweden erneut. Er schlüpfte dazu einfach aus seinen schwarz-rot-goldenen Klamotten heraus – und in die gelb-blauen hinein. Und so machte er seinen Job in aller Ruhe einfach noch einmal.

FRAGE
32

Welches Tattoo ließ sich der rustikale Mittelfeldspieler Daniele de Rossi, der für Italien bei drei Europameisterschaften antrat, auf seinen rechten Oberarm stechen?

a) Eine Lokomotive, das Lieblingsspielzeug seines Sohnes
b) Das Gesicht seiner Mutter
c) Das Gesicht seiner Freundin, die ihn daraufhin verließ
d) Einen Teletubby

ANTWORT

d) Einen Teletubby

Auf seiner rechten Wade trägt Daniele de Rossi das Tattoo, das ihn als Fußballer wahrscheinlich am besten beschreibt: Es ist ein gelbes Warnschild, das üblicherweise eingesetzt wird, um auf eine Gefahr hinzuweisen wie etwa zur Warnung vor radioaktiven oder explosions-gefährlichen Stoffen. Auf de Rossis Warnschild sind allerdings zwei Fußballer abgebildet: Der eine grätscht den anderen weit weg vom Ball kompromisslos um. Das darf durchaus als Selbstbildnis gewertet werden, denn der Italiener de Rossi war einer der härtesten defensiven Mittelfeldspieler der Welt. Um ein Vielfaches mehr als Tore sammelte der gebürtige Römer gelbe, gelb-rote und rote Karten in seiner Karriere, in der er anders als viele Kollegen nur für zwei Profiklubs spielte (AS Rom, Boca Juniors) und die er Anfang des Jahres 2020 beendete.

De Rossi ist also ein harter Kerl, er hat aber auch eine weiche Seite, wie sein Körperschmuck beweist. Seiner Tochter Gaia zuliebe hat er sich auf den rechten Oberarm ein ganz anders geartetes Tattoo stechen lassen: den gelben Teletubby »Laa-Laa«, sowie den Text eines Schlaflieds, das er Gaia gerne vorgesungen hatte, und einen orangefarbenen Schnuller. Inmitten eines Herzens steht zudem der Name seiner Tochter, die 2005 zur Welt kam. Das Gesicht seiner zweiten Ehefrau Sarah Felberbaum, die er 2015 heiratete und mit der er zwei weitere Kinder hat, ließ sich de Rossi im Übrigen später auf seinen Bauch tätowieren.

FRAGE
33

Welcher deutsche Nationalspieler trägt sein jubelndes Abbild als Tattoo auf seinem Rücken?

a) Leroy Sané
b) Antonio Rüdiger
c) Niklas Süle
d) Emre Can

ANTWORT

a) Leroy Sané

Es gehört natürlich schon eine Portion Selbstbewusstsein dazu, diese Idee umzusetzen. Der deutsche Flügelflitzer Leroy Sané hatte diese Portion offenbar, denn im Jahr 2017 entschied er sich, sich ein Tattoo seines Torjubels nach dem 5:3 für Manchester City gegen AS Monaco in der Champions League auf den Rücken stechen zu lassen – es war sein erstes Champions-League-Tor für City. Mit ausgebreiteten Armen läuft Sané nun also über seinen eigenen Rücken. Böse Zungen behaupten, dass der Vorteil dieser Anordnung ist, dass er sich dann ja selbst nicht sehen muss. Die *Bild-Zeitung* schrieb: »Der hat definitiv einen Stich!« Englische Medien fanden gar, es sei »das eitelste Tattoo aller Zeiten«. Sané hatte ein großes Medienecho bekommen, und im Gespräch zu bleiben, ist ja schon einmal grundsätzlich nicht schlecht als prominenter Fußballer.

Zur Ehrenrettung des Angreifers muss man schon noch hinzufügen: Das Tattoo zeigt nicht nur Sané selbst, sondern weist neben seinem Torjubel auch bodenständigere Details auf: So ist darauf etwa die Ziffernkombination 44866 zu sehen, es ist die Postleitzahl von Bochum-Wattenscheid. Bei der SG Wattenscheid 09 fing Leroy Sané einst das Fußballspielen an, bevor er über den FC Schalke 04, Bayer Leverkusen und noch einmal Schalke 2016 nach England wechselte. Sein Vater Souleymane kickte für Wattenscheid in der Bundesliga. Zudem unter anderem zu sehen: eine Uhr sowie die Umrisse der Heimatländer seiner Eltern (Senegal und Deutschland).

FRAGE
34

Welche beiden Nationalmannschaften sind vor dem Turnier 2021 Rekord-Europameister?

a) Spanien und Frankreich
b) Deutschland und Frankreich
c) Spanien und Italien
d) Deutschland und Spanien

ANTWORT

d) Deutschland und Spanien

Es war ein besonderer Sieg für Spaniens Fußballer im Sommer 2012: Als erstes Team überhaupt konnten sie ihren EM-Titel verteidigen. Und durch den Erfolg in Kiew zogen sie auch mit der deutschen Nationalmannschaft gleich. Beide Länder haben bislang drei Mal die Europameisterschaft gewinnen können – das ist Rekord. Spanien triumphierte gleich beim zweiten Turnier 1964, blieb dann allerdings 44 Jahre lang ohne Titelgewinn. 2008 im Wiener Ernst-Happel-Stadion setzten sich die Iberer schließlich gegen das DFB-Team im Finale durch ein Tor des Stürmers Fernando Torres 1:0 durch, ehe dann der 4:0-Finalsieg gegen Italien vier Jahre später gelang.

Deutschlands Fußballer dagegen warten mittlerweile seit 1996 auf einen Titelgewinn beim Kontinentalturnier. Erstmals holte das DFB-Team um Günter Netzer, Franz Beckenbauer und Gerd Müller 1972 den EM-Titel, Nummer zwei sicherte sich die Mannschaft um Bernd Schuster, Karl-Heinz Rummenigge und Horst Hrubesch im Jahr 1980. 16 Jahre darauf jubelten dann unter anderem Jürgen Klinsmann, Andreas Köpke und Oliver Bierhoff im Londoner Wembley-Stadion über den dritten Titel. Auf den Fersen ist den Spaniern und den Deutschen das französische Nationalteam: Nach den EM-Titeln 1984 und 2000 könnte die Équipe Tricolore nun 2021 gleichziehen mit den beiden erfolgreichsten Nationalmannschaften. Die werden sich aber als bekannte und geprüfte sog. »Turniermannschaften« zu wehren wissen.

FRAGE 35

2004 wurde der Schweizer Nationalstürmer Alexander Frei nach einem Vorfall in der Partie gegen England vor dem entscheidenden Gruppenspiel gegen Frankreich aus dem Kader genommen. Was war passiert?

a) Er hatte seinen Gegenspieler John Terry gebissen.
b) Er randalierte im Kabinentrakt der Arena in Coimbra.
c) Er hatte seinen Gegenspieler Steven Gerrard angespuckt.
d) Er führte eine interne Revolte gegen den Schweizer Nationaltrainer Köbi Kuhn an.

ANTWORT

c) Er hatte seinen Gegenspieler Steven Gerrard angespuckt.

»Den Akt selber bereue ich bis heute, das können Sie mir glauben«, sagte Alexander Frei im Jahr 2019 dem Schweizer Boulevardblatt *Blick*. Bei der EM 2004 in Portugal hatte Frei seinen Gegenspieler Steven Gerrard im Gruppenspiel gegen England angespuckt. Frei hatte die Aktion danach erst einmal bestritten, ehe das Schweizer Fernsehen TV-Bilder vorlegte, die sie bewiesen. Offenbar hatte der Schweizerische Fußballverband (SFV) den Stürmer um die Lüge gebeten: »Es ist bekannt, dass Alex Frei gegenüber den Verbandsverantwortlichen sein Vergehen zugegeben hat und dass sie nachher entschieden haben, dass man die UEFA anlügt«, sagte der Sportchef des Schweizer Fernsehsenders, Urs Leutert, dem Schweizer Radio 24 während der EM. »Es war nicht er, der lügen wollte.«

Zu sehen war auf den Bildern klar: Während Frei an Gerrard vorbeischlenderte, spuckte er ihn an. Selbst erinnerte sich der spätere Dortmunder Stürmer Frei im Jahr 2019 so an die Szene: »Ich war hässig (wütend, Anm. d. Autors), deckte den Ball ab, und Steven Gerrard schubst mich in die Bande. Das weiß ich noch – und ab dann nicht mehr wahnsinnig viel, weil mir die Sicherungen durchbrannten.« Sein Verband nahm ihn nach Bekanntwerden der Bilder für das abschließende Gruppenspiel gegen Frankreich aus dem Kader, später wurde er für drei Spiele gesperrt. Wie im Übrigen auch der Italiener Francesco Totti, der bei der EM 2004 ebenfalls einen Gegenspieler angespuckt hatte.

FRAGE
36

Wo steht das kleinste Stadion der EM 2021?

a) In Kopenhagen
b) In Dublin
c) In Bilbao
d) In Bukarest

ANTWORT

a) In Kopenhagen

Erst seit dem 1. Juli 1992 existiert der FC Kopenhagen. Er entstand aus der Fusion der beiden alten Kopenhagener Vereine Kjøbenhavns Boldklub und Boldklubben 1903 und ist der Hauptnutzer des Stadions, das Dänemark als Austragungsort für die EM 2020 wählte: Parken. Aus dem so jungen Verein wurde schnell einer der bestimmenden in Dänemark (neben Bröndby IF). Mittlerweile hat der FCK 13 Meistertitel gewonnen, zudem erreichte er in der Saison 2010/11 das Champions-League-Achtelfinale, wo er am FC Chelsea scheiterte. Es ist der größte Erfolg einer dänischen Mannschaft in der Champions League.

In die Arena passen insgesamt 38.000 Zuschauer, sie ist damit die kleinste aller EM-2021-Stadien. Trotzdem fanden hier auch schon zwei europäische Endspiele statt: 1994 im Pokal der Pokalsieger und 2000 im UEFA-Pokal, zwei Mal war der FC Arsenal dabei. 1994 siegte er 1:0 gegen Parma, sechs Jahre später unterlag er 1:4 im Elfmeterschießen gegen Galatasaray Istanbul. Neben dem FC Kopenhagen richtet im Parken auch die dänische Nationalmannschaft ihre Heimspiele aus, ferner finden darin auch Veranstaltungen und Konzerte statt. Neben Bruce Springsteen, den Rolling Stones oder Robbie Williams war auch schon die deutsche Rockband Rammstein zu Gast. Bei der EM 2021 finden alle drei dänischen Gruppenspiele und ein Achtelfinale im Parken statt. Fußball gespielt wird auf dem Stadiongrund bereits seit 1911. Vor dem Parken stand dort der Vorgänger Idrætspark (auf Deutsch: Stadion, Sportplatz).

FRAGE 37

Welchen deutschen 1980er-Europameister entthronte der Peruaner Claudio Pizarro im Jahr 2019 als ältesten Bundesliga-Torschützen?

a) Mirko Votava
b) Bernd Schuster
c) Manfred Kaltz
d) Lothar Matthäus

Der Jubel des Ältesten: Claudio Pizarro (l.).

ANTWORT

a) Mirko Votava

Als er abgelöst wurde, da freute sich Mirko Votava richtig, so hat er es dem Norddeutschen Rundfunk erzählt. Einerseits verwundert das, schließlich ist Votava seit Claudio Pizarros Tor am 16. Februar 2019 nicht mehr der älteste Torschütze der Fußball-Bundesliga. Wenn man andererseits aber weiß, dass Votava zu diesem Zeitpunkt als Scout beim SV Werder Bremen arbeitete, für den Pizarro im Alter von 40 Jahren und 136 Tagen gerade den späten Ausgleich gegen Hertha BSC erzielt hatte, dann erklärt sich die Freude. »Ich glaube schon, dass es mit Claudio einer geschafft hat, der als Torjäger bekannt ist, und dass es nur eine Frage der Zeit war, wann er das Tor macht.« Votava selbst spielte ja nicht im Angriff, sondern in der Verteidigung und im defensiven Mittelfeld. Fünf Länderspiele machte er für Deutschland, darunter war auch eine Hälfte im abschließenden Gruppenspiel der EM 1980 gegen Griechenland, das 0:0 endete. Im Finale saß Votava auf der Bank.

Seine Karriere endete nach dem größten Erfolg noch lange nicht. Bis zum Jahr 1996 spielte er für Bremen, anderthalb Jahre kickte er danach noch beim VfB Oldenburg. 40 Jahre und 121 Tage alt war der in Prag geborene, aber mit seinen Eltern früh nach Deutschland ausgewanderte Votava, als er am 24. August 1996 mit den Bremern beim VfB Stuttgart antrat und den 1:2-Endstand erzielte. Sein Rekord hielt also knapp 23 Jahre. Auch der drittälteste Bundesliga-Torschütze hinter Pizarro und Votava kickte für Werder: Manfred Burgsmüller.

FRAGE 38

Im Finale der EM 1976 in Jugoslawien traf die deutsche Nationalmannschaft auf die Tschechoslowakei. Nach 120 Minuten Spielzeit stand es 2:2 – der Sieger musste im Elfmeterschießen gefunden werden. Wer traf den entscheidenden Elfmeter?

a) Ladislav Jurkemik
b) Rainer Bonhof
c) Franz Beckenbauer
d) Antonín Panenka

ANTWORT

d) Antonín Panenka

Er nahm gut zehn Meter Anlauf beim Elfmeter, als wolle er einen Moment der Ruhe erschaffen, ehe er die Welt veränderte. Antonín Panenka rannte auf den Ball zu, doch statt ihn kraftvoll zu schießen, schlenzte er ihn sachte, langsam und halbhoch in die Mitte des Tores. Der deutsche Torwart Sepp Maier sprang in die Ecke und war bezwungen. Die Bundesrepublik Deutschland unterlag der Tschechoslowakei damit im EM-Finale 1976 im Elfmeterschießen, für das DFB-Team verschoss zuvor Uli Hoeneß, der seinen Ball in den Belgrader Nachthimmel drosch. Panenka dagegen »schlenzte den Ball leger, als sei er bei einer Kirmesveranstaltung«, schrieb die *Süddeutsche Zeitung*.

Nie zuvor hatte ein Schütze seinen Elfmeter bei einer Fußball-Großveranstaltung so ausgeführt. Der Mittelfeldspieler von Bohemians Prag sagte daher einmal im Scherz, er hätte sich den Schuss patentieren lassen, wenn es für Fußballtricks Patente geben würde. In einem Interview mit der *SZ* verriet er, dass er den Schuss lange geplant hatte: »Alle wussten das. Viktor, unser Tormann, war mein Zimmergenosse. Was hat der mich beschworen! ›Antonín, das ist ein so wichtiger Moment, du kannst den Elfmeter nicht so schießen. Wenn du das machst, schläfst du auf dem Flur!‹ Musste ich dann aber nicht.« Unzählige Spieler haben den Trick seither angewandt, und immer war im Anschluss die Rede vom Panenka-Heber oder schlicht vom »Panenka«. Auch wenn es kein Patent dafür gibt, wird der Schuss immer den Namen seines Urhebers tragen.

FRAGE
39

Das Zentrum der römisch-katholischen Kirche liegt im EM-Spielort Rom: im Staat Vatikanstadt, wo der Sitz des Papstes ist. Fußball wird auch dort gespielt. Welcher frühere italienische Nationaltrainer trainierte auch die Fußballauswahl des Stadtstaates?

a) Roberto Donadoni
b) Marcello Lippi
c) Giovanni Trapattoni
d) Arrigo Sacchi

ANTWORT

c) Giovanni Trapattoni

Schweizergardisten, päpstliche Räte und Museumswärter aus der ganzen Welt spielen für die Fußballauswahl der Vatikanstadt – es ist eine bunt gemischte Truppe. Der Vatikan ist jedoch weder Mitglied der FIFA noch der UEFA, er nimmt also auch nicht an Qualifikationen zu Welt- und Europameisterschaften teil. Das kam Giovanni Trapattoni 2010 zupass, als er die Fußballelf als Trainer übernahm. Schließlich trainierte er zur gleichen Zeit auch die irische Nationalmannschaft, so kam es zu keinerlei Interessenskonflikten. Für Trapattoni, der nach seinem Engagement in Irland seine Karriere als Coach 2013 beendete und als gläubiger Katholik auch bei Spielen Weihwasser bei sich trug, war es eine Ehre, die Mannschaft des Vatikans zu betreuen.

»Wer nicht verteidigt, ist Pontius Pilatus«, sagte Trapattoni einmal. Das Zitat beschreibt ihn sehr gut. Als Coach pflegte der Italiener einen defensiven Stil und hatte damit jahrzehntelang Erfolg: Seinen ersten Meistertitel als Trainer gewann er 1977 mit Juventus Turin. Mit dem FC Bayern München holte er 20 Jahre später die deutsche Meisterschaft und 1998 den DFB-Pokal. Im März desselben Jahres lieferte er seine legendäre Wutrede bei einer Pressekonferenz, die er mit den Worten »Ich habe fertig« beendete. Einen Rekord erreichte Trapattoni schließlich als Irland-Coach: Im Alter von 73 Jahren und 93 Tagen schickte er seine Elf bei der EM 2012 gegen sein Heimatland auf den Platz. Trapattoni ist damit der älteste Trainer bei einer EM.

FRAGE
40

Wer ist der älteste Trainer eines Europameisters?

a) Giovanni Trapattoni
b) Luis Aragonés
c) Otto Rehhagel
d) Otto Barić

ANTWORT

b) Luis Aragonés

Wer es nach dem Triumph 2008 nicht ganz so gut mit ihm meinte, der stellte schnell fest, dass sich so eine Mannschaft aus den besten Fußballern der Spitzenteams Real Madrid und dem FC Barcelona schon selbst zum Sieg zu führen vermochte. Ein Trainername gehörte eben auch noch auf den Spielberichtsbogen über den brillanten Mittelfeldspielern wie Xavi, Andrés Iniesta, Xabi Alonso oder David Silva, damit die Partien starten konnten. Doch das Werk von Luis Aragonés trifft diese vorschnelle Analyse nicht. Das zeigt allein der Umstand, dass er die stolze Fußballnation im Sommer 2008 zu ihrem ersten Titel seit 1964 führte.

69 Jahre und 337 Tage war Aragonés beim Finale in Wien alt, er löste den Deutschen Otto Rehhagel als ältesten Trainer eines Europameisters ab. Im Jahr 2004 trat Aragonés sein Amt als Nationaltrainer an – und stand dann immer wieder vor der Entlassung. Bei der WM 2006 schied er schon im Achtelfinale aus. Und dann startete er auch noch einen radikalen Umbau: Er verlagerte die Verantwortung auf die oben erwähnten Mittelfeldspieler und führte das System der Dominanz ein – Kurzpassspiel und viel Ballbesitz prägten fortan Spaniens Spiel. Es war der Grundstein zu den weiteren Titelgewinnen bei der WM 2010 und der EM 2012. »Luis war eine Schlüsselfigur«, würdigte ihn sein Nachfolger Vicente Del Bosque. »Er war es, der den Weg zur Erfolgs-Ära der Nationalelf eingeschlagen hatte.« Weit mehr als nur ein Name auf dem Spielberichtsbogen.

FRAGE 41

Was verbindet die beiden früheren deutschen EM-Teilnehmer Lukas Podolski und Miroslav Klose? (Mehrere Antworten möglich)

a) Sie schossen bei der WM 2014 in Brasilien mindestens ein Tor.
b) Ihre Väter waren Profifußballer.
c) Sie sind jeweils an einem Junitag in Polen geboren.
d) Ihre Mütter spielten in der polnischen Handball-Nationalmannschaft.

Zwei erfolgreiche DFB-Stürmer: Lukas Podolski (l.) und Miroslav Klose.

ANTWORTEN

b) Ihre Väter waren Profifußballer. c) Sie wurden beide in Polen geboren. d) Ihre Mütter spielten in der polnischen Handball-Nationalmannschaft.

Lukas Podolski und Miroslav Klose waren zwei herausragende Stürmer, die die 2000er- und 2010er-Jahre im deutschen Nationalteam prägten, oft auch gemeinsam auf dem Platz. Podolski blickt auf 130 Länderspiele und 49 Tore von 2004 bis 2017 zurück, Klose kickte von 2001 bis 2014 gar 137 Mal in der DFB-Auswahl und hat mit 71 Toren die meisten aller deutschen Nationalspieler erzielt. Bei der WM 2014 in Brasilien gewannen sie gemeinsam den WM-Titel, Klose traf zwei Mal und wurde so zum Rekord-Torschützen bei Weltmeisterschaften mit insgesamt 16 Treffern.

Beide sind in Polen geboren, Klose am 9. Juni 1978 in Opole, Podolski am 4. Juni 1985 in Gliwice; später siedelten ihre Familien nach Deutschland um. Ihren ersten Ball dürften die beiden Angreifer schon in der Wiege in die Hand bekommen haben. Sie kamen als Kinder von Mannschaftssportlern auf die Welt, ihre Mütter spielten Handball, ihre Väter Fußball. Ihr Weg schien also vorgezeichnet zu sein, wenngleich Miroslav Klose den Sprung in die Bundesliga beim 1. FC Kaiserslautern erst als 21-Jähriger schaffte. Podolski spielte bereits als 18-Jähriger für Köln. Die beiden sind bei all ihren Überschneidungen halt doch zwei verschiedene Typen. Das gilt auch für ihren Spielstil: Während Klose seine Tore für das DFB-Team fast nur als Strafraumstürmer erzielte, traf Podolski mit seinen so scharfen wie präzisen Linksschüssen auch gerne aus der Ferne.

FRAGE
42

Der Europameistertitel der dänischen Nationalelf im Jahr 1992 ist eine der speziellsten Außenseitergeschichten im Sport. Eigentlich hatten sich die Dänen zuvor nämlich gar nicht für das Turnier qualifiziert. Warum durften sie trotzdem teilnehmen?

a) Schottland und England spielten als Großbritannien, Dänemark rückte nach.
b) Das Turnier wurde nachträglich auf 16 Teams aufgestockt.
c) Die Sowjetunion verzichtete nach dem Zerfall auf eine Teilnahme.
d) Jugoslawien wurde ausgeschlossen, Dänemark rückte nach.

ANTWORT

d) Jugoslawien wurde ausgeschlossen, Dänemark rückte nach.

Der Strandurlaub war schon gebucht, doch dann erhielten die dänischen Fußballer zwei Wochen vor dem Turnierstart die Nachricht, dass sie an der EM 1992 im Nachbarland Schweden teilnehmen werden. Und das, obwohl sie zuvor noch in der Qualifikation gescheitert waren. Was nach einem Traum von ein paar Nationalspielern klingt, passierte tatsächlich genau so im Sommer 1992. Der Grund für die späte Teilnahme war der Jugoslawienkrieg. FIFA und UEFA entzogen Jugoslawien nach einer UNO-Resolution die Mitgliedschaft, der Qualifikationsgruppen-Zweite Dänemark rückte nach.

Die Dänen galten fortan als Außenseiter. »Die Stimmung war so, dass wir rüber nach Schweden fahren, drei Spiele machen und dabei unser Bestes versuchen sollten«, sagte Mittelfeldspieler John Jensen. Doch auch wenn sie nicht mit der Teilnahme rechneten, waren die Spieler noch fit von der gerade erst zu Ende gegangenen Saison. »Es war ja keineswegs so, dass die in Badelatschen vom Strand kamen«, sagte der damalige Bundestrainer Berti Vogts später dem Sport-Informations-Dienst. Das sollte sein Team im Finale erfahren. Nachdem Dänemark im Halbfinale die Niederlande im Elfmeterschießen schlug, traf die Auswahl auf das DFB-Team. In Göteborg setzten sich die Dänen durch Tore von Jensen und Kim Vilfort überraschend gegen den Weltmeister durch. Die Fans sangen im Überschwang: »We are red, we are white, we are Danish dynamite!«

FRAGE 43

Wie weit liegen die beiden am weitesten entfernten Stadien der EM 2021 auseinander? (Luftlinie)

a) Rund 2500 Kilometer
b) Rund 4400 Kilometer
c) Rund 5300 Kilometer
d) Rund 6500 Kilometer

ANTWORT

b) Rund 4400 Kilometer

Dublin in Irland und Baku in Aserbaidschan sind die beiden EM-Orte, die am weitesten voneinander entfernt sind. Fast 4400 Kilometer liegen zwischen der Lansdowne Road in Dublin und Heydar Alijew 323 in Baku. Auch wenn die beiden Orte für eine Mannschaft tatsächlich nie direkt aufeinanderfolgen im Spielplan, verrät die Entfernung: Die EM 2021 ist für die Fans eher keine, die sie mit dem Auto bestreiten können. Der Sieger des Viertelfinals in Baku muss wie auch die Anhänger, die ihn auf dem Weg begleiten, beispielsweise eine für eine Europameisterschaft ungewöhnlich lange Flugstrecke vor dem vier Tage später stattfindenden Halbfinale in London auf sich nehmen. Sechs Stunden dauert ein Flug zwischen den beiden EM-Orten etwa. Positiv ist beim Reisethema allerdings anzumerken, dass die UEFA das Turnier so konzipiert hat, dass jede Mannschaft an maximal zwei Orten in der Gruppenphase spielt.

Außerdem bestreiten sechs Gastgebernationen wie etwa Deutschland oder Dänemark ihre Gruppenspiele ausschließlich an ihrem Heimatort. Weil aber noch unsicher ist, wo mögliche weitere Trips im Verlauf des Turniers genau hinführen, hat sich die deutsche Nationalmannschaft dazu entschlossen, von Herzogenaurach bei Nürnberg aus zu reisen. Sie bezieht ihr EM-Quartier am Campus des Sportartikelkonzerns und DFB-Ausrüsters Adidas. Die drei Gruppenpartien in der Allianz Arena in München sind so immerhin bequem zu erreichen – in etwa zwei Stunden Fahrzeit mit dem Mannschaftsbus.

FRAGE 44

Welcher Spieler hat als erster in einem Sommer ein Champions-League- und ein EM-Finale verloren?

a) Antoine Griezmann
b) Luís Figo
c) Fabio Cannavaro
d) Michael Ballack

ANTWORT

d) Michael Ballack

Am Ende des Jahres 2002 erhielt Michael Ballack eine besondere Auszeichnung: Der damals 26-jährige Mittelfeldspieler wurde »Mann des Jahres im deutschen Fußball«, vergeben vom *kicker-Sportmagazin.* »Ballack ist der torgefährlichste Mittelfeldspieler der Welt«, sagte der Laudator, FC-Bayern-Vorstandsboss Karl-Heinz Rummenigge. Es scheint beim ersten Lesen so, als wäre der Gelobte am Gipfel seiner Fußballerkarriere angekommen. Doch in Wahrheit hatte Ballack da gerade ein äußerst bitteres Jahr hinter sich: Im Sommer 2002 musste er nicht nur das »Vize-Triple« mit seinem Verein Bayer Leverkusen erleiden – den zweiten Platz in Bundesliga, DFB-Pokal und Champions League –, sondern anschließend auch noch beim WM-Finale gelbgesperrt zuschauen. Das deutsche Nationalteam verlor ohne seinen Mittelfeld-Chef 0:2 gegen Brasilien, der vierte knapp verpasste Titel für Ballack.

Es sollten noch mehr folgen. Ballack war Anfang der 2000er-Jahre einer der stärksten Mittelfeldspieler der Welt und errang mit dem FC Bayern und dem FC Chelsea einige nationale Titel. Doch international war der Wurm drin, Ballack wurde bestenfalls Zweiter: 2008 verlor er als erster Spieler erst das Champions-League-Finale mit Chelsea nach Elfmeterschießen – in dem Ballack traf – gegen Manchester United und danach das EM-Endspiel gegen Spanien. Neben der Sowjetunion ist Deutschland nach dieser Niederlage der häufigste Finalverlierer bei Europameisterschaften: Beide Teams unterlagen drei Mal.

FRAGE
45

Mit welchem gegnerischen Trainer wurde der Bundestrainer Joachim Löw bei der EM 2008 mit einem Platzverweis auf die Tribüne geschickt?

a) Slaven Bilić
b) Luiz Felipe Scolari
c) Fatih Terim
d) Josef Hickersberger

Zuschauer von oben: Bundestrainer Joachim Löw (mittlere Reihe, Mitte) neben Bastian Schweinsteiger (l.) und Oliver Bierhoff.

ANTWORT

d) Josef Hickersberger

Der deutsche Nationaltrainer Joachim Löw setzte sich neben seinen gesperrten Mittelfeldspieler Bastian Schweinsteiger und fragte nach dessen Aussagen erst einmal nach einem Kaugummi. Am 16. Juni 2008 kämpften die deutsche und die österreichische Nationalmannschaft ums Weiterkommen, als kurz vor der Halbzeit die jeweiligen Trainer Löw und Josef Hickersberger auf die Tribüne geschickt wurden. Noch stand es 0:0 im Wiener Ernst-Happel-Stadion, den entscheidenden Freistoßtreffer von Michael Ballack in der zweiten Hälfte sollten die Coaches aus einer ungewohnten Position miterleben.

Ihre Hinausstellung durch den spanischen Schiedsrichter Manuel Mejuto González war ein historisches Ereignis: Erstmals bei einem EM-Turnier mussten Trainer frühzeitig ihre Plätze verlassen. Was war passiert? »Sie kennen doch alle den Film ›Der Dritte Mann‹. Gestern haben wir Bekanntschaft mit dem vierten Mann gemacht«, sagte Löw. Damit meinte er den Vierten Offiziellen Damir Skomina. Nach einem Konflikt der beiden Coaches mit Skomina schickte Mejuto González die Trainer vom Platz. »Ich habe ihm nur gesagt, dass ich und mein Kollege in der Coaching-Zone in Ruhe unseren Job machen wollen«, sagte Löw, beleidigt habe er Skomina wie Hickersberger nicht. Trotzdem wurden beide für je ein Spiel gesperrt. Co-Trainer Hansi Flick ersetzte Löw im Viertelfinale gegen Portugal an der Seitenlinie. Der Bundestrainer sah sich die Partie in Basel aus einer Loge an – und rauchte dabei auch eine Zigarette.

FRAGE 46

Drei Partien der EM-Gruppe C finden im Nationalstadion von Bukarest statt. Wann wurde das Stadion in Rumäniens Hauptstadt fertiggestellt?

a) 2011
b) 2015
c) 2018
d) 2019

ANTWORT

a) 2011

Mit einem EM-Qualifikationsspiel gegen Frankreich wurde die Arena Națională, wie sie in der Landessprache heißt, im September 2011 eröffnet, sie ist damit eines der älteren Stadien des Kontinentalturniers. Es klingt also alleine schon aufgrund des prominenten Gegners alles so, als wäre die Partie als Eröffnungsgala geplant gewesen. Eigentlich hätte die Arena aber schon im Dezember 2010 fertiggestellt sein sollen, es kamen nur ein paar Verzögerungen für das deutsche Bauunternehmen Max Bögl und das italienische Astaldi dazwischen. Statt der anfangs veranschlagten 146 Millionen Euro kostete die 55.600-Plätze-Arena so fast 100 Millionen Euro mehr.

Die Bukarester hatten es also nicht leicht mit ihrem neuen Bauwerk, das auf dem Gelände des alten Lia-Manoliu-Stadions erbaut wurde. Am Ende waren sie aber trotzdem glücklich, dass sie die Arena rechtzeitig für ihr erstes Großevent hinbekommen haben: Im Frühjahr 2012 fand das Finale der Europa League in Bukarest statt. Atlético Madrid schlug in einem spanischen Duell Athletic Bilbao 3:0. Nach dem Vorbild des Stadions in Frankfurt am Main ist die Arena Națională auch mit einem faltbaren Zeltdach ausgestattet. Dieses Dach ist etwa 9000 Quadratmeter groß, es besteht aus einer Membran, die lichtdurchlässig ist. Und später sorgte es für die nächste Panne: Im Jahr 2015 musste das Stadion geschlossen werden, weil eben jenes Dach nicht den Brandschutzbestimmungen entsprach. Für die EM sind die Rumänen aber gerüstet.

FRAGE
47

Welcher Ort war als 13. Gastgeber der EURO 2020 eingeplant, konnte die Bedingungen der UEFA aber bis 2017 nicht erfüllen?

a) Tiflis
b) Kiew
c) Lissabon
d) Brüssel

ANTWORT

d) Brüssel

Der Konflikt zwischen Flamen und Wallonen war letztlich zu groß in Belgien. Die Gemeinde Grimbergen aus der Provinz Flämisch-Brabant im Norden von Brüssel, der ein Teil des geplanten Stadion-Grundstücks auf dem EXPO-Gelände in Brüssel gehörte, blieb hart. Und so wurde es immer unsicherer, ob Belgien seine Arena mit dem für die paneuropäische EURO passenden Namen »Eurostadion« noch rechtzeitig zur EM 2020 fertigbekommt. »Wir haben mit Brüssel lange diskutiert, aber nicht alle geforderten Dokumente erhalten. Bis heute wissen wir nicht, ob sie ein Stadion bauen können oder nicht«, sagte der UEFA-Präsident Aleksander Čeferin Ende des Jahres 2017, als die Frist für Belgien abgelaufen war: »Experten haben uns gesagt, dass das Risiko für die UEFA zu groß sei, wenn wir weiter warten würden.« Sein Verband vergab die drei Gruppenspiele sowie die Achtelfinalpartie, die in Brüssel geplant waren, damals an London. Im Wembley-Stadion werden auch die Halbfinals sowie das Finale der EM 2021 ausgetragen. Das Eröffnungsspiel, für das Brüssel außerdem im Gespräch war, ging an Rom.

Inzwischen ist das Stadionprojekt in der belgischen Hauptstadt tatsächlich gescheitert. Die etwa 300 Millionen Euro teure Arena wurde nicht gebaut. Belgiens Fußball-Nationalmannschaft nutzt daher immer noch das König-Baudouin-Stadion unweit des geplanten Eurostadions für seine Länderspiele. Für die EURO 2020 kam es allerdings nicht in Frage, das 1930 erbaute Stadion ist nicht EM-tauglich.

FRAGE 48

Welcher Klub spielt im schottischen EURO-2020-Stadion Hampden Park in Glasgow?

a) Celtic Glasgow
b) Glasgow Rangers
c) Keines der zuvor genannten Teams
d) Beide zuvor genannten Teams

ANTWORT

c) Keines der zuvor genannten Teams

Schottlands Fußballstadt Nummer eins ist Glasgow. Seit Jahrzehnten dominieren die Glasgow Rangers und Celtic Glasgow die Meisterschaft. Ihre 54 (Rangers) beziehungsweise 51 (Celtic) Meistertitel zum Jahresstart 2021 werden vom Rest des Landes wohl nie erreicht werden. Mit je vier Titeln in der seit 1891 ausgespielten Liga folgen in der Rangliste FC Aberdeen, Heart of Midlothian sowie Hibernian Edinburgh. Seit 1931 sind die Rangers Rekordmeister, doch Celtic holte in den vergangenen Jahren auf. Im schottischen Nationalstadion Hampden Park im Süden Glasgows, das 51.866 Zuschauern Platz bietet, spielen die beiden Teams nur, wenn sie das Pokalfinale erreichen. Denn der Hampden Park ist im Vereinsfußball die Heimspielstätte des Queen's Park Football Club, des ältesten Fußballvereins in Schottland, der sich in der Entwicklung des Spiels verdient gemacht hatte. Im Jahr 2018 kaufte der schottische Fußballverband dem Viertligisten den Hampden Park für fünf Millionen Pfund ab, er nutzt das Stadion ebenfalls für seine Heimspiele.

Der Hampden Park gilt zudem als das älteste Fußballstadion der Welt, am 9. Juni 1867 wurde er eröffnet. Allerdings noch an anderer Stelle: Im Jahr 1903 zog Queen's Park an den aktuellen Ort um und nutzte den Stadionnamen weiter. Am 17. April 1937 schauten beim Klassiker Schottland gegen England einmal 149.547 Menschen im Hampden Park zu – das ist bis heute Zuschauerrekord in Großbritannien.

FRAGE
49

Auch das Nationalstadion von Baku ist ein Austragungsort der EM 2021. Welche Großveranstaltung fand bereits in dem Stadion statt?

a) Endspiel der UEFA Champions League 2016
b) Leichtathletik-Europameisterschaft 2014
c) Europaspiele 2015
d) Rugby-Europameisterschaft 2013

ANTWORT

c) Europaspiele 2015

Der Turner Fabian Hambüchen trug bei der Eröffnungsfeier in Baku die deutsche Fahne – und gestaltete so eine Welt-Premiere mit. Die Hauptstadt Aserbaidschans richtete im Juni 2015 die ersten European Games überhaupt aus, mit mehr als 250 Wettkämpfen in 20 Sportarten. Mit der Veranstaltung zog das Europäische Olympische Komitee im kontinentalen Vergleich nach, Asienspiele oder Panamerikanische Spiele gibt es jeweils seit Jahrzehnten. Im Nationalstadion von Baku wurden damals neben der Eröffnungs- und der Schlussfeier auch die Leichtathletik-Wettbewerbe ausgetragen.

Für Aserbaidschan waren die Europaspiele die kleinere Variante, mit der sich das Land mit den reichen Erdölreserven arrangieren musste, nachdem die zwei Olympia-Bewerbungen für 2016 und 2020 gescheitert waren. Ganz ohne Kritik kamen die Spiele nicht aus: Die Vergabe an Aserbaidschan wurde von den Menschenrechtsorganisationen heftig kritisiert wegen Verstößen der autoritär geführten Regierung von Ilham Aliyev gegen Menschenrechte und die Pressefreiheit. »Die Regierung geht härter gegen Kritiker vor als jemals zuvor«, erklärte Jane Buchanan, bei Human Rights Watch als Direktorin für Europa und Zentralasien zuständig. Umstritten war daher auch die Austragung des Finales der Europa League 2018/19 zwischen den Londoner Teams FC Chelsea und FC Arsenal in Baku. Es war das erste Fußball-Großereignis im 710 Millionen Euro teuren und im März 2015 eröffneten Stadion, in das 69.870 Menschen passen.

FRAGE 50

Die Allianz Arena in München wird deutscher Austragungsort bei der EM 2021 sein. Drei Gruppenspiele und ein Viertelfinale finden in der Arena statt, die 2005 fertiggestellt wurde. Wer schoss damals das erste Tor in dem Stadion?

a) Paul Agostino
b) Patrick Milchraum
c) Roy Makaay
d) Peter Pacult

Das deutsche EM-Stadion von oben: die Allianz Arena in München.

ANTWORT

d) Peter Pacult

Der Älteste unter den vier genannten Münchner Fußballern war der erste Torschütze in der Allianz Arena. Peter Pacult hatte seine Karriere schon 1996 beendet, doch vor der Stadioneröffnung war er doch wieder als Stürmer gefragt. Das lag daran, dass damals ein Testlauf vor den offiziellen Eröffnungsspielen durchgeführt wurde. Dabei trafen die Traditionsmannschaften des FC Bayern München und des TSV 1860 München am 30. Mai 2005 aufeinander. Beide Klubs teilten sich die Arena im Stadtteil Fröttmaning. Nach nicht einmal acht Minuten traf Pacult zur Führung der Sechziger. »Schad' für die Deutschen, dass ausgerechnet ein Österreicher kommen muss, um das erste Tor zu schießen«, sagte er damals der *Süddeutschen Zeitung*. Am Ende gewann sein Team vor 30.000 Zuschauern 3:2.

Bei der WM 2006 fand das Eröffnungsspiel in der Allianz Arena statt. 4:2 besiegte das deutsche Team Costa Rica. Damals passten 66.000 Zuschauer ins Stadion, mittlerweile wurde die Kapazität auf 70.000 Besucher erhöht. Bei nationalen Partien dürfen sogar 75.000 Menschen zuschauen. Die Arena gilt als Münchner Wahrzeichen. Schließlich ist der Riese aus Stahl, Beton und 2760 leuchtenden, rautenförmigen Luftkissen ein Hingucker bei der Einfahrt aus dem Norden in die Stadt. Ein Verein wurde darin aber nicht glücklich: Nach dem Sturz in die Viertklassigkeit im Jahr 2017 zog der TSV 1860 aus, seine Stadionanteile hatte er ein Jahr nach der Eröffnung an den FCB verkauft, um eine drohende Insolvenz abzuwenden.

FRAGE
51

Welcher der vier Teilnehmer 2021 hat vor der paneuropäischen Europameisterschaft noch nie ein Auftaktspiel einer EM-Endrunde gewonnen?

a) England
b) Niederlande
c) Wales
d) Dänemark

ANTWORT

a) England

Neun Mal trat das englische Nationalteam vor der EM 2021 beim wichtigsten europäischen Länderturnier an – und neun Mal nacheinander konnte es zum Auftakt nicht gewinnen. Das ist Rekord, aus englischer Sicht natürlich kein schöner. Die Fußballfans sprechen schon seit Jahrzehnten vom »Curse« (dt. Fluch), der ihr Land bei Europameisterschaften befallen haben muss. Im Jahr 2016 sah es dann lange danach aus, als würde die Mannschaft des damaligen Trainers Roy Hodgson den Fluch endlich brechen können. Bis in die Nachspielzeit lag sie nach einem Freistoßtor von Eric Dier in Führung gegen das schwächer eingeschätzte Russland. Doch dessen Verteidiger Wassili Beresuzki schaffte in der zweiten Minute der Nachspielzeit noch den Ausgleich. »Wir sind sehr enttäuscht«, sagte Dier. »Solch ein spätes Gegentor. Das ist bitter.« Der Fluch war an dem Tag aber nur ein kleineres Thema. Die Schlagzeilen bestimmten stattdessen schwere Fan-Ausschreitungen zwischen Engländern, Russen und Franzosen im Spielort Marseille. Die UEFA drohte England und Russland bei weiteren Krawallen den Turnierausschluss an, zu dem es letztlich nicht kam.

Seinen Anfang nahm der englische Auftaktfluch am 5. Juni 1968 unter Sir Alf Ramsey, der die Engländer zum WM-Titel 1966 führte. Bei der folgenden EM in Italien unterlag sein Team jedoch gleich im ersten Spiel Jugoslawien 0:1. 2021 trifft England zum Auftakt im Londoner Wembley-Stadion auf Kroatien, also einen der Nachfolgestaaten Jugoslawiens.

FRAGE 52

Welche von den vier Mannschaften hat bei Europameisterschaften mehr Spiele verloren als das deutsche Team?

a) Niederlande
b) Türkei
c) Belgien
d) Dänemark

ANTWORT

d) Dänemark

Gegen das dänische Nationalteam gelangen der deutschen Fußball-Nationalmannschaft in drei Spielen zwei Siege bei Europameisterschaften, 1988 ein klares 2:0, 2012 ein 2:1 in der Gruppenphase. Die wichtigste Partie gegen die Dänen, die verlor das DFB-Team allerdings: 0:2 im Endspiel der EM 1992 in Schweden. John Jensen und Kim Vilfort trafen damals für den krassen Außenseiter. Der ist trotzdem eine von nur wenigen Mannschaften, die bei Europameisterschaften mehr Niederlagen vorzuweisen haben als die Auswahl des Deutschen Fußball-Bundes. Elfmal verlor die deutsche Nationalmannschaft bei den europäischen Fußball-Großereignissen.

Neben den Dänen, die 14 Mal verloren, weisen auch Russland und seine Vorgänger-Nationalteams der UdSSR und der GUS mehr Niederlagen auf, sie kommen zusammengerechnet ebenfalls auf 14 Niederlagen. Die Tschechische Republik und das Vorgänger-Team der Tschechoslowakei unterlagen 13 Mal. Diese auf den ersten Blick vielleicht überraschende Statistik ergibt sich natürlich auch deswegen, weil Deutschland bislang die meisten Spiele aller europäischen Teams bei einer EM absolviert hat (49), neun Spiele mehr als der Verfolger Spanien, der bislang übrigens zehn Mal verlor. Die DFB-Auswahl kommt daher auch auf die meisten Siege aller EM-Teilnehmer (26). Allerdings nehmen alle genannten Mannschaften auch an der EM 2021 teil, die Rangordnung könnte sich daher bald schon wieder verschoben haben.

FRAGE 53

Nur 0:0 spielte Deutschlands Fußball-Nationalmannschaft am 6. September 2003 beim Außenseiter Island. Die Partie wäre trotzdem wohl längst in Vergessenheit geraten, wenn sich nicht eine der bekanntesten Wutreden im deutschen Fußball angeschlossen hätte: Der DFB-Teamchef Rudi Völler polterte beim Interview mit dem ARD-Moderator Waldemar Hartmann. Das Trinken wie vieler Weizenbier während des Spiels warf er Hartmann vor?

a) Ein Weizenbier
b) Zwei Weizenbier
c) Drei Weizenbier
d) Vier Weizenbier

Mann in Rage: Rudi Völler (r.) beim Interview mit Waldemar Hartmann.

ANTWORT

c) Drei Weizenbier

Der Abend endete bitter, Deutschlands Nationalmannschaft schaffte auf Island nur ein 0:0 in der Qualifikation zur EM 2004. Am 6. September 2003 wackelte die Fahrt des Teams zur Europameisterschaft in Portugal, die Isländer waren Tabellenführer vor den letzten beiden Gruppenspieltagen. In dieser Atmosphäre musste der Teamchef Rudi Völler nun zum Interview zu Waldemar Hartmann ins TV-Studio. Er analysierte sich etwas warm, ehe er zur Kritik an der Kritik ansetzte. Hartmanns Kollege Gerhard Delling sprach zuvor davon, ob ein neuer Tiefpunkt erreicht sei. Völler antwortete nonchalant: »Die Sache mit dem Tiefpunkt und noch mal 'n Tiefpunkt und noch mal 'nen niedrigeren Tiefpunkt. Ich kann diesen Scheißdreck nicht mehr hören.«

Der Start saß, doch seine Abrechnung war noch nicht beendet. »Was ihr euch alle immer einbildet, was wir für einen Fußball hier in Deutschland spielen müssen!« An den ARD-Experten Günter Netzer richtete Völler: »Der Günter, was die für einen Scheiß gespielt haben! Da konntest du doch früher gar nicht hingehen, die haben doch Standfußball gespielt.« Hartmann wunderte sich über die Schärfe in Völlers Ton. Und der entgegnete knurrig: »Du sitzt hier locker bequem auf deinem Stuhl und hast drei Weizenbier getrunken.« Was Hartmann verneinte: »In Island gibt es kein Weizenbier, muss ich ganz ehrlich sagen. Ich bin auch kein Weizenbier-Trinker.« Völler entschuldigte sich noch während des Gesprächs bei Hartmann. Der machte später Werbung für Weißbier.

FRAGE 54

Welcher Spieler hat die meisten EM-Tore gegen ein deutsches Team erzielt?

a) Cristiano Ronaldo
b) Alan Shearer
c) Sérgio Conceição
d) Antoine Griezmann

ANTWORT

c) Sérgio Conceição

In der 35. Minute dieses 20. Juni 2000 brauchte Sérgio Conceição noch etwas Glück, um den Ball ins statt übers Tor zu köpfen. Aber da er traf, führte Portugal 1:0 gegen Deutschland im abschließenden EM-Gruppenspiel in Rotterdam, das DFB-Team stand kurz vor dem Ausscheiden. Sicherlich beflügelt vom ersten Treffer folgte in der zweiten Halbzeit dann Conceiçãos Demonstration der Stärke: Erst tanzte sich der Rechtsaußen durch die deutsche Abwehr, mit einem flinken Richtungswechsel vorbei an Dietmar Hamann und der Grätsche von Thomas Linke. Beim anschließenden Flatter-Schuss ließ er dann auch noch DFB-Torwart Oliver Kahn schlecht aussehen (54.). Nach einem Konter erzielte Conceição das 3:0 (71.). Kein anderer Spieler hat so oft gegen ein DFB-Team bei einer EM getroffen – eine Demütigung für die Mannschaft von Trainer Erich Ribbeck.

Dabei war Conceição zuvor gar kein Stammspieler. Er führte eine B-Elf der Portugiesen an, sein Trainer Humberto Coelho schonte die Stars Vitor Baía, Luís Figo, Rui Costa oder João Pinto. Was die Blamage für Deutschland noch ein Stück größer werden ließ. Als Titelverteidiger war das Team zur EM 2000 gereist, doch beim Turnier in Belgien und den Niederlanden folgte der schlechteste Auftritt bei einer EM-Endrunde überhaupt. Lediglich ein Remis zum Auftakt gegen Rumänien brachte die Nationalmannschaft zustande, danach verlor sie gegen England (0:1) und Portugal. Einen Tag nach Sérgio Conceiçãos Gala-Abend trat Ribbeck zurück.

FRAGE
55

Welches Lied sangen die deutschen Spieler auf der Hotelterrasse in Vaals in den frühen Morgenstunden nach ihrem Aus bei der EM 2000?

a) Ich bin der König von Mallorca
b) Anton aus Tirol
c) Wer hat an der Uhr gedreht?
d) Sierra Madre

ANTWORT

b) Anton aus Tirol

Die deutschen Quartierplaner stießen auf ein im Jahr 1761 erbautes Schloss, das ihnen den Weg zur erfolgreichen Verteidigung des EM-Titels ebnen sollte. Im Kaastel Vaalsbroek in Vaals in den Niederlanden, an der Grenze zu Deutschland und Belgien, mietete sich die deutsche Nationalmannschaft ein. Von dort aus, unweit von Aachen, konnte sie alle Spielorte der EM 2000 in Belgien und den Niederlanden bequem erreichen. Doch der Aufenthalt im Schloss dauerte letztlich nur zwei statt vier Wochen. Viel Reisen musste die DFB-Auswahl nicht, sie schied bereits in der Vorrunde aus, nach einem 1:1 gegen Rumänien in Lüttich, einem 0:1 gegen England in Charleroi und dem 0:3 gegen Portugal in Rotterdam war fußballerisch schnell Schluss.

Nach der Rückkehr ertränkten einige Nationalspieler ihren Frust in Alkohol. Bis sechs Uhr früh soll die Fete auf der Hotelterrasse in der Nacht nach dem EM-Ausscheiden gedauert haben. Die *Bild-Zeitung* schrieb: »Die Nationalelf der Schande: Sie feierten und lachten auch noch.« Manche Reporter hatten sich in der Nacht wohl in den Büschen versteckt und die Szenerie beobachtet. Nach ihren Berichten sangen die deutschen Nationalspieler am niederländischen Schloss unter anderem: »Ich bin so schön, ich bin so toll, ich bin der Anton aus Tirol.« Es ist eine mehrfach wiederholte Zeile des damals tatsächlich sehr angesagten Liedes »Anton aus Tirol«, gesungen vom Österreicher DJ Ötzi.

FRAGE
56

Wie hieß das berühmte deutsche Tierorakel aus dem Sea-Life-Aquarium Oberhausen, das bei der EM 2008 zum ersten Mal Spieltipps abgab und dabei erstaunlich oft richtiglag?

a) Paul
b) Bruno
c) Felix
d) Achilles

ANTWORT

a) Paul

Am 26. Oktober 2010 starb der Krake, dessen Orakel-Sprüche die Fußball-Fans auf der ganzen Welt zittern ließen und um den ein echter Hype in seinen mehr als zwei Jahren Lebenszeit entstanden war: Paul aus dem Sea Life Centre in Oberhausen. »Er ist uns allen ans Herz gewachsen, und wir werden ihn schmerzlich vermissen«, sagte der damalige General Manager des Sea Life, Stefan Porwoll, tief berührt. Bei der EM 2008 setzte ihn das Unternehmen zum ersten Mal als Tierorakel ein, Paul tippte alle Spiele der deutschen Nationalmannschaft. Die Vorgehensweise: Seine Pfleger füllten Muscheln in zwei Boxen, auf denen jeweils die Landesflaggen der Spielgegner abgebildet waren. Die Box, für die sich Paul entschied, war das Siegerland. 2008 setzte er sechs Mal auf Deutschland – zwei Mal unterlag die DFB-Auswahl.

Bei der Weltmeisterschaft 2010 sollte Paul dann aber nicht mehr danebenliegen. Er suchte sich bei allen Partien das Futter aus der Box des Siegerlandes, fünf Mal war es die deutsche. Nur beim zweiten Gruppenspiel gegen Serbien und beim Halbfinale gegen Spanien entschied er sich gegen Deutschland. Auch beim WM-Sieg der Spanier im Finale gegen die Niederlande stimmte die Vorhersage. Nach und nach sprach sich seine Treffsicherheit herum. Journalisten aus der ganzen Welt berichteten über Paul. Die spanische Gemeinde Carballiño, die vom Tintenfisch-Fang lebt, ernannte ihn zum Ehrenbürger. Seine Urne ist im Sea Life Centre inmitten eines überdimensionierten Fußballs ausgestellt.

FRAGE
57

Das Wembley-Stadion in London wird Finalort der EM 2021 sein. Auf dem Grund stand bereits zuvor das englische Nationalstadion, das 2003 abgerissen wurde. Wer schoss am 7. Oktober 2000 das letzte Tor im alten Wembley-Stadion?

a) Michael Owen
b) Dietmar Hamann
c) Michael Ballack
d) David Beckham

Einst ein Londoner Wahrzeichen: das alte Wembley-Stadion mit den markanten Twin Towers.

ANTWORT

b) Dietmar Hamann

In der 14. Spielminute schickte Dietmar Hamann noch schnell seinen Kollegen Mehmet Scholl weg, der schon Ansprüche auf die Ausführung des Freistoßes hegte. Dann legte sich Hamann an diesem 7. Oktober 2000 den Ball auf den Rasen. Und statt lange zu warten, schoss er flugs aus 32 Metern (der übertragende TV-Sender ZDF hatte nachgemessen) aufs Tor. Der flach geschossene Ball titschte einmal auf im Strafraum, was ihn auf dem nassen Boden beschleunigte. Englands Torwart David Seaman konnte ihn nur noch minimal ablenken – so landete er hinter ihm im Tornetz. Das 1:0 sollte das letzte Tor beim letzten Spiel im alten Wembley-Stadion bleiben. »So einen guten Didi Hamann habe ich noch nie gesehen, er hat perfekt gespielt«, sagte Franz Beckenbauer danach. Die *Süddeutsche Zeitung* schrieb, dass Hamann »den Nordpol hätte erreichen können«, so viel sei er gelaufen. »Hamann schwang die Abrissbirne für Wembley«, fand *The Independent on Sunday.*

Fast hätte sich Hamann auch noch im neuen Stadion verewigt. In einer Online-Umfrage suchte die London Development Agency nach Namensvorschlägen für eine Fußgängerbrücke, die in hohem Bogen über das neue Stadion führt. Daran beteiligten sich deutsche Fans, die den Vorschlag »Dietmar Hamann Bridge« einbrachten, dieser lag nach Vorschlägen vorne. Die Jury entschied sich allerdings gegen den Namen und nannte die Brücke »White Horse Bridge« – nach dem weißen Polizeipferd, das im Pokalfinale 1923 die Zuschauer von einem Platzsturm abhielt.

FRAGE 58

Vor seiner Fußballerkarriere arbeitete der Verteidiger Bernard Dietz als Schmied. 1980 war er dann Kapitän der deutschen Nationalmannschaft und reckte als erster Spieler den EM-Pokal in Rom in die Höhe. Dabei waren auch noch Spuren eines Arbeitsunfalls aus dem früheren Beruf sichtbar. Welche?

a) Am rechten Arm hatte Dietz Verbrennungen.
b) Im Gesicht hatte Dietz Narben.
c) Am linken Arm musste Dietz mit einer Schiene spielen.
d) An seiner rechten Hand fehlten Dietz zwei Finger.

ANTWORT

d) An seiner rechten Hand fehlten Dietz zwei Finger.

Bernard Dietz aus dem westfälischen Bockum-Hövel war mit 32 Jahren damals der älteste Europameister im deutschen Team 1980. Er war daher eine Führungsfigur neben den noch jungen Fußball-Regisseuren Lothar Matthäus und Bernd Schuster. Dietz spielte zu dem Zeitpunkt seit zehn Jahren für den MSV Duisburg in der Bundesliga – und blieb dort auch noch zwei Jahre bis zum Abstieg. Danach kickte er noch fünf Jahre für den FC Schalke 04, er war im Ruhrgebiet daheim.

Dort, wo das »Malochen« zum Leben dazugehört. »Marschieren, kämpfen und den Fußball genießen, das war meine Welt«, sagte Dietz einmal der Deutschen Presse-Agentur. In einer Zeit, in der Fußballer noch deutlich weniger Geld als heutzutage kassierten, gehörte auch eine Ausbildung vor der Karriere dazu. Dietz machte eine Lehre zum Schmied und verlor bei der Arbeit den Mittel- und Ringfinger seiner rechten Hand. »Kaum zu glauben, da stand der kleine Arbeiter aus dem Ruhrpott plötzlich ganz oben und war Europameister«, sagte er einmal. »Heute denke ich manchmal: Hättest du den Pokal doch nur ein bisschen länger hochgehalten. Aber ich habe ihn direkt an die Mannschaft weitergereicht.« In seiner Länderspielzeit schaffte das DFB-Team eine Serie von 23 Spielen ohne Niederlage von 1978 bis 1980. Seine fußballerische Liebe blieb immer der MSV Duisburg: 394 Bundesligaspiele bestritt er für den Klub, später wurde er Trainer und Vorstandsmitglied. Und das MSV-Maskottchen, ein Zebra, trägt Bernard Dietz' Spitznamen: »Ennatz«.

FRAGE
59

Welchen besonderen EM-Moment erlebte der portugiesische Nationaltorwart Ricardo im Viertelfinale der EM 2004 gegen England?

a) Er war der erste Torhüter, der einen Elfmeter im Elfmeterschießen traf.
b) Er traf in der regulären Spielzeit zum späten Ausgleich für den Gastgeber.
c) Er war der erste Torwart, der bei einer Europameisterschaft einen Elfmeter von David Beckham parieren konnte.
d) Er wurde kurz vor der Entscheidung von Trainer Luiz Felipe Scolari ausgewechselt. Ersatzmann Quim galt als talentierter beim Elfmeterschießen.

ANTWORT

a) Er war der erste Torhüter, der einen Elfmeter im Elfmeterschießen traf.

Man muss an dieser Stelle vielleicht noch kurz erwähnen, dass Ricardo schon zugutekam, dass Hans Jörg Butt nie als deutscher Torhüter bei EM-Endrunden antrat. Der frühere Bundesliga-Torwart trat ja im Nebenberuf äußerst gerne als Elfmeterschütze in Erscheinung – und schoss die Strafstöße mit ziemlicher Sicherheit ins Tor. Sogar in der Champions League gegen Juventus Turin war er drei Mal erfolgreich. Doch in EM-K.-o.-Spielen durfte Butt nie mitspielen – anders als Ricardo. Portugals Torwart führte seine Auswahl bei der Heim-EM 2004 im Viertelfinale im entscheidenden Schlussakt fast im Alleingang zum Sieg. »Hände aus Gold« attestierte ihm die Zeitung *Record*.

Ricardos Aufstieg zum Helden nahm ihren Anfang mit einer kuriosen Entscheidung: Nachdem er von den ersten sechs englischen Schüssen keinen halten konnte (Beckham schoss drüber), entschied sich der Torwart, den nächsten Ball ohne Handschuhe zu halten. »Ich musste etwas anderes versuchen, um Zuversicht zu bekommen«, sagte Ricardo der Süddeutschen Zeitung. Sein Psycho-Trick verfing: Er hielt gegen Darius Vassell. Nun wollte der Linksverteidiger Nuno Valente zum entscheidenden Schuss antreten, doch Ricardo schickte ihn weg und traf selbst zum 6:5, Portugal zog ins Halbfinale ein. Zwei Jahre darauf traf Ricardo mit Portugal im WM-Viertelfinale erneut auf England, wieder ging das Spiel ins Elfmeterschießen. Ricardo hielt drei Elfmeter – WM-Rekord.

FRAGE 60

Welche beiden deutschen Stürmer schossen mit jeweils drei Treffern die meisten Tore in einem Endrundenspiel einer Fußball-Europameisterschaft?

a) Gerd Müller und Mario Gomez
b) Dieter Müller und Klaus Allofs
c) Miroslav Klose und Rudi Völler
d) Gerd Müller und Dieter Müller

Hier trifft Julian Draxler sehenswert (hinten links im Fallen). Drei Mal in einem Spiel war er aber nie erfolgreich.

ANTWORT

b) Dieter Müller und Klaus Allofs

Auch wenn Gerd Müller mit seinen 68 Treffern in 62 Spielen der herausragende Mittelstürmer der deutschen Nationalmannschaft ist: Den Rekord für die meisten Tore in einem EM-Spiel hält nicht er, sondern ein Namensvetter: Dieter Müller. Der gebürtige Offenbacher dürfte es allerdings Gerd Müller auch ein wenig verdanken, dass er am 17. Juni 1976 die Bestmarke von drei Toren in einem EM-Endrundenspiel aufstellte. Gerd Müller war zwei Jahre zuvor aus dem Nationalteam zurückgetreten, so hatte Dieter seine Chance im deutschen Kader bekommen. Er wurde im EM-Halbfinale gegen Jugoslawien in Belgrad eingewechselt, als es elf Minuten vor dem Ende 2:1 für den Gegner stand. Müller glich schnell aus und drehte die Partie gegen den Gastgeber mit weiteren Toren in der Verlängerung. Es war sein erstes Länderspiel – und nach seinem zweiten, in dem er einmal traf, war er Torschützenkönig der EM 1976.

Vier Jahre später beim Turnier in Italien sicherte sich diesen Titel Klaus Allofs. Er traf am 14. Juni 1980 drei Mal gegen die Niederlande. Allofs brachte die Deutschen 3:0 in Führung, ehe die Partie zum Ende hin doch noch einmal spannend wurde: Das DFB-Team gewann 3:2. Die beiden deutschen Stürmer waren die ersten, die drei Tore in einem EM-Spiel erzielten. Nach ihnen folgten noch fünf weitere Spieler, dem Franzosen Michel Platini gelangen bei der EM 1984 sogar zwei Mal drei Treffer. Hinzu kommen Marco van Basten, Sérgio Conceição, Patrick Kluivert und David Villa.

FRAGE 61

Wer erzielte das einzige Silver Goal der EM-Geschichte?

a) Frank Lampard
b) Luís Figo
c) Traianos Dellas
d) Angelos Charisteas

ANTWORT

c) Traianos Dellas

Ein Europameister hat das einzige Silver Goal der EM-Geschichte erzielt. Im Halbfinale der EM 2004 lief der Innenverteidiger Traianos Dellas vor einem Eckball seiner Griechen mit in den gegnerischen Strafraum. Er postierte sich am kurzen Pfosten. Von dort aus köpfte er den hereinfliegenden Ball dann in der Nachspielzeit der ersten Verlängerungshälfte (105.+1) ins Tor der favorisierten tschechischen Nationalmannschaft. Griechenland zog überraschend ins Finale ein – und gewann dieses ebenfalls 1:0. Das Team vom deutschen Trainer Otto Rehhagel wurde zum überraschendsten aller Europameister, das Land war erst zum zweiten Mal bei einer Endrunde dabei. Ab dem Viertelfinale gewannen die rigorosen Defensivkünstler immer 1:0.

Das Silver Goal führte die UEFA vor der EM 2004 ein. Nun war ein Spiel nicht mehr nach dem ersten Tor in der Verlängerung entschieden (Golden Goal), sondern erst nach einer ersten 15-minütigen Verlängerungshalbzeit. Führte danach ein Team, hatte es gewonnen. Andernfalls ging es 15 Minuten weiter. Stand es noch remis, folgte das Elfmeterschießen. Dellas' Tor war zwar das einzige Silver Goal, allerdings nicht das einzige Verlängerungstor bei der EM 2004. Zuvor im Viertelfinale fielen gar zwei Treffer: Da allerdings Englands Frank Lampard in der 115. Minute die Führung von Portugals Rui Costa ausglich (110.), ging es ins Elfmeterschießen, das Spiel wurde folglich noch nicht per Silver Goal entschieden.

FRAGE
62

Welches der vier Teams spielt 2021 zum ersten Mal bei einer EM-Endrunde mit?

a) Albanien
b) Finnland
c) Aserbaidschan
d) Norwegen

ANTWORT

b) Finnland

Die Freude war riesig in Finnland am 15. November 2019, als feststand, dass die Nationalmannschaft erstmals zu einem großen Fußball-Turnier fährt. Sowohl an Weltmeisterschaften als auch an Europameisterschaften hatte das Team noch nie teilnehmen dürfen. In der Hauptstadt Helsinki feierten die Fans nach dem entscheidenden 3:0 gegen Liechtenstein die ganze Nacht, in der Nähe des Stadions zündeten sie ein Feuerwerk. »Wir haben davon geträumt, seit wir 1938 erstmals an der WM-Qualifikation teilgenommen haben. Der Traum von Generationen ist wahr geworden«, jubelte die Mannschaft nach Angaben der Deutschen Presse-Agentur auf ihrem Twitter-Account. Ihr Held: Teemu Pukki, der zehn der 16 Tore in der Qualifikationsgruppe J erzielt hat. Zu Pukkis Ehren lud sein Verein Norwich City die Finnen zur offiziellen »Pukki-Party« in einen Helsinkier Nachtklub ein.

Pukki spielte von 2011 bis 2013 auch in Deutschland beim FC Schalke 04, doch dort konnte er sich nicht so recht durchsetzen. Sein Glück fand er erst in England, wo er 2018/19 als Zweitliga-Torschützenkönig mit Norwich aufstieg und im August 2019 dann als Premier-League-Spieler des Monats ausgezeichnet wurde. Die Qualifikation für ein großes Turnier hatten die Finnen zuvor nicht einmal mit ihren einstigen Ausnahmekönnern Jari Litmanen und Sami Hyypiä geschafft. Neben Finnland ist auch Nordmazedonien 2021 erstmals bei einer EM-Endrunde dabei.

FRAGE
63

Wer führte die FIFA-Weltrangliste zum Jahresstart 2021 an?

a) Frankreich
b) Belgien
c) Brasilien
d) Portugal

ANTWORT

b) Belgien

Vor dem Weltmeister Frankreich auf Rang zwei, dem Copa-América-Sieger Brasilien auf Rang drei, dem Europameister Portugal auf Rang fünf oder dem Afrika-Cup-Sieger Algerien auf Rang 31 thronte Belgiens Fußball-Nationalmannschaft in der Weltrangliste der FIFA. Die heißt nach einem Verbands-Sponsor, dessen bekanntestes Getränk sich eher bedingt für den Leistungssport eignet, übrigens: FIFA/Coca-Cola-Weltrangliste. Guten Durst, wünschen die hohen Herren. Nach Angaben der Weltrangliste ist Belgien, seit das Land am 25. Oktober 2018 die alleinige Führung übernahm, so etwas wie die Supermacht im Fußball. In den Jahren 2019 und 2020 blieb Belgien immer ganz oben – im Lebenslauf des Teams steht immerhin WM-Rang drei 2018 und EM-Viertelfinale 2016. Ansonsten gewinnen die Belgier seit Jahren fast alle Qualifikationsspiele für Großereignisse. Diese Konstanz spülte sie nach oben – sie wiegt mehr als die Pokalsiege der zu Beginn genannten Kontrahenten, was nicht zuletzt auch Kritik an der Rangliste hervorruft.

Seit August 1993 vergleicht die FIFA in einer Weltrangliste die Stärken aller Nationalmannschaften (mittlerweile 210). Auf Rang 210 stand am 1. 1. 2021 San Marino. Knapp davor lag Anguilla, ein britisches Überseegebiet in der Karibik, auf 209. An der Spitze standen seit 1993 acht Teams. Neben den Belgiern waren das Argentinien, Brasilien, Deutschland, Frankreich, Italien, Niederlande und Spanien. Die DFB-Auswahl startete von Platz 13 aus ins Jahr 2021.

FRAGE 64

Was mussten die türkischen Nationalspieler Servet Çetin, Semih Şentürk und Uğur Boral bei der EM 2008 am Tag des entscheidenden Gruppenspiels gegen Tschechien erledigen?

a) Die theoretische Führerscheinprüfung
b) Die Aufnahmeprüfung an der Sporthochschule
c) Ihren türkischen Pass verlängern
d) Die Musterung für das türkische Militär

Ball im Blick: Servet Çetin (r.) gegen Tschechiens Jan Koller beim EM-Spiel 2008.

ANTWORT

b) Die Aufnahmeprüfung an der Sporthochschule

Der türkische Staat war an diesem Sonntag rigoros, die drei Nationalspieler Servet Çetin, Uğur Boral und Semih Şentürk mussten zur Aufnahmeprüfung für die Sporthochschule antreten – ganz gleich ob sie am Abend ein wichtiges EM-Spiel zu absolvieren hatten. In der Türkei werden alle Aufnahmeprüfungen für Universitäten an einem Tag durchgeführt, eine Verschiebung war unmöglich. Immerhin kam der Staat den Fußballern entgegen: Das Trio schrieb die Prüfung um 9 Uhr morgens im Mannschaftsquartier Hotel La Réserve am Genfer See. In einer gemeinsamen Stellungnahme erklärten die Spieler: »Wir wollen sowohl morgens als auch abends glücklich sein.« Es war ja nicht so, dass es abends gegen Tschechien um recht viel weniger für sie ging: Die Türken waren am abschließenden Spieltag der Vorrundengruppe A punkt- und torgleich mit den Tschechen, nur der Sieger zog hinter Portugal ins Viertelfinale ein.

Die Prüfung scheint ihre Vorbereitung dafür jedenfalls nicht allzu nachhaltig gestört zu haben, wenngleich Çetin den Anpfiff wegen zu langer Stollen in seinen Schuhen erst einmal verzögerte. Am Ende stand nach einem späten 3:2-Erfolg der Einzug ins Viertelfinale fest. Dort traf Şentürk dann in der Verlängerung und anschließend im Elfmeterschießen. Im Halbfinale gegen Deutschland schoss er in der 86. Minute das zwischenzeitliche 2:2, Boral traf zuvor schon zum 1:0 für die Türken. Doch der Linksverteidiger Philipp Lahm entschied die Partie in der Nachspielzeit für das DFB-Team.

FRAGE 65

Wer schoss das schnellste Tor in einem EM-Spiel?

a) Dmitri Kiritschenko
b) Cristiano Ronaldo
c) Dražan Jerković
d) Zinédine Zidane

ANTWORT

a) Dmitri Kiritschenko

Nach 67 Sekunden hat die Suchmaschine Google im weltweiten Netz ein paar Millionen Suchanfragen beantwortet, nach 67 Sekunden haben mehrere Millionen Youtube-Nutzer wieder ein neues Video gesehen. Und nach 67 Sekunden dürfte auch dieser Text gelesen sein. Exakt eben jene 67 Sekunden Spielzeit brauchte der Angreifer Dmitri Kiritschenko bei der Europameisterschaft 2004 in Portugal, um das schnellste Tor bei einer Endrunde zu erzielen. Er traf zur Führung gegen Griechenland in Faro, sein Team gewann am letzten Gruppenspieltag gegen den späteren Europameister zwar 2:1, schied aber trotzdem als Gruppenletzter aus.

Nationaltrainer Georgi Jarzew baute sein Team daher zum Abschluss auf sieben Positionen um. Mehrere Spieler rückten in die Startelf, neben Kiritschenko vom russischen Meister ZSKA Moskau auch sein Sturmpartner Dmitri Bulykin, der später für Bayer Leverkusen und Fortuna Düsseldorf spielte. Nach 64 Sekunden Spielzeit schnappte sich Kiritschenko einen weiten Abschlag des Torhüters Wjatscheslaw Malafejew und legte sich den Ball in den Strafraum vor. Danach schoss er ihn aus knapp 16 Metern mit der Pike an Griechenlands Torhüter Antonios Nikopolidis vorbei ins Tor. Kiritschenkos Nebenmann Bulykin traf eine Viertelstunde später zum 2:0. Und nur aufgrund des Anschlusstreffers von Zisis Vryzas kamen die Griechen noch als Gruppenzweiter hinter Portugal weiter. Die mit vier Zählern punktgleiche spanische Mannschaft schied aus.

FRAGE
66

Welcher spanische Europameister wird in seinem Heimatland »El Moto« (das Motorrad) genannt?

a) David Villa
b) David Silva
c) Jordi Alba
d) Pedro

ANTWORT

c) Jordi Alba

Nein, Jordi Alba war noch nie mit einem fahrbaren Untersatz während eines Fußballspiels unterwegs. Der Spanier trägt den Spitznamen »El Moto« stattdessen, weil er seit jeher einer der flinksten Spieler auf dem Fußballplatz ist. »Alba rennt nicht, er fliegt«, sagte sein früherer Nationalmannschaftskollege Pepe Reina einmal. Bei der Europameisterschaft 2012 in Polen und der Ukraine durfte dann die gesamte Fußballwelt Albas Schnelligkeit beim Finale in Kiew besichtigen: Beim Stand von 1:0 machte sich der Linksverteidiger aus der eigenen Hälfte auf, passte den Ball zum Spielgestalter Xavi Hernández und flitzte dann nach vorne. Als Alba dann zwischen den italienischen Innenverteidigern Leonardo Bonucci und Andrea Barzagli angekommen war, passte ihm Xavi den Ball in den Lauf, Alba entwischte seinen Bewachern und schoss den Ball zum 2:0 ins Tor. Spanien gewann an diesem Abend den EM-Titel. Im von viel Ballbesitz geprägten Spiel der Spanier war der flinke Alba mit seiner Schnelligkeit ein Puzzleteil, das das Team schwerer ausrechenbar machte.

Später erinnerte er sich im Rückblick der UEFA: »Ich unterschrieb bei Barcelona, erzielte ein Tor im EM-Finale, das wir dann auch gewonnen haben – das waren mitunter die besten Wochen meines Lebens.« Schon in der Jugend spielte Alba für den FC Barcelona, wurde dann aber aussortiert. Über die Stationen UE Cornellà, Gimnàstic de Tarragona und FC Valencia kehrte er 2012 als Europameister und flink wie eh und je zurück nach Barcelona.

FRAGE
67

Welcher Spieler hat als erster mit einem Spenderorgan ein Tor bei einer EM-Endrunde erzielt?

a) Der Italiener Tarcisio Burgnich
b) Der Engländer Norman Hunter
c) Der Franzose Éric Abidal
d) Der Kroate Ivan Klasnić

ANTWORT

d) Der Kroate Ivan Klasnić

Ivan Klasnić hatte seine stärkste Zeit Anfang der 2000er-Jahre, den SV Werder Bremen führte er als Sturmpartner von Torschützenkönig Aílton in der Saison 2003/04 zum deutschen Meistertitel. Er war damals einer der erfolgreichsten Angreifer der Bundesliga. Doch das trat schnell in den Hintergrund, 2005 wurde bei einer Blinddarm-Operation festgestellt, dass seine Nieren nicht richtig arbeiteten. Ein Jahr später war klar, dass er eine Spenderniere braucht. Der erste Versuch scheiterte: Sein Körper stieß die Niere der Mutter ab, im März 2007 wurde ihm dann die Niere des Vaters erfolgreich eingesetzt. Acht Monate später wurde er nach seiner Bundesliga-Rückkehr in Cottbus der erste nierentransplantierte Fußball-Profi der Welt.

Bei der EM 2008 spielte Klasnić dann auch wieder für Kroatien und schoss als erster Profi mit einem Spenderorgan ein Tor bei einer EM-Endrunde, beim 1:0 gegen Polen am 16. Juni 2008. Vier Tage später traf er im Viertelfinale gegen die Türkei noch einmal zum 1:0, doch die Türken glichen noch aus und siegten im Elfmeterschießen. In dieser Zeit klagte Klasnić schon gegen die Werder-Vereinsärzte. Er warf ihnen vor, dass sie die beginnende Nierenerkrankung bereits 2002 aufgrund erhöhter Nierenwerte hätten erkennen müssen. Anfang des Jahres 2020 feierte Klasnić seinen 40. Geburtstag, er hatte mittlerweile schon die dritte Nierentransplantation hinter sich. Am Ende des Jahres einigte er sich nach ARD-Informationen im Rechtsstreit auf einen Vergleich in Höhe von mehr als vier Millionen Euro.

FRAGE
68

Polen nimmt 2021 zum vierten Mal an einer Endrunde der Fußball-Europameisterschaft teil. Was ist der größte Erfolg der polnischen Fußball-Nationalmannschaft?

a) EM-Finale 1964
b) Olympia-Silber 1992
c) WM-Finale 1962
d) Olympiasieg 1972

Auf zu neuen Erfolgen: Polens Robert Lewandowski.

ANTWORT

d) Olympiasieg 1972

Der Mittelstürmer Robert Lewandowski gilt derzeit als stärkster Spieler Polens. Bei der EM 2016 in Frankreich führte er das Nationalteam als Kapitän ins Viertelfinale, wo es erst im Elfmeterschießen am späteren Europameister Portugal scheiterte. Lewandowski ist zudem Polens Rekordtorschütze, zuletzt in der Qualifikation zur Europameisterschaft traf der Weltfußballer von 2020 sechs Mal. An die größten Erfolge seiner Vorgänger im polnischen Nationalteam konnte der Angreifer vom FC Bayern bislang noch nicht anknüpfen. 1974 und 1982 wurden die Polen WM-Dritter und 1976 sowie 1992 gewannen sie Silber bei den Olympischen Sommerspielen.

Ihren größten Erfolg schaffte die Mannschaft jedoch 1972 in München: Dort gewann sie Olympia-Gold, es ist ihr einziger Sieg bei einem der größten Turniere. Im Finale besiegte das Team um Kapitän Włodzimierz Lubański Ungarn durch zwei Tore von Kazimierz Deyna. Deyna wurde Torschützenkönig des Wettbewerbs (neun Tore in sieben Spielen), er galt damals als einer der besten Spieler der Welt und war auch bei der WM 1974 in Deutschland der prägende Spieler im polnischen Team. Zwölf Jahre spielte er für den Armeeklub Legia Warschau, ehe er 1978 zu Manchester City in die erste englische Liga wechselte. In San Diego in den USA ließ er seine Karriere schließlich ausklingen. Bei einem Verkehrsunfall im Jahr 1989 verunglückte er dort tödlich. 23 Jahre später ehrte ihn sein ehemaliger Verein Legia mit einer Statue vor dem Stadion in Polens Hauptstadt.

FRAGE 69

Wie oft erreichte die Nationalmannschaft der DDR die EM-Endrunde?

a) Nie
b) Ein Mal
c) Zwei Mal
d) Drei Mal

ANTWORT

a) Nie

Ein Mal schaffte es die Fußballauswahl der Deutschen Demokratischen Republik zur Weltmeisterschaft: 1974, als das Turnier in der Bundesrepublik Deutschland stattfand. Beim Ausflug in den Westen besiegte die DDR die BRD zum Abschluss der ersten Gruppenphase 1:0 in Hamburg durch ein Tor von Jürgen Sparwasser. Damit gewann die DDR auch die Gruppe vor der BRD – beide Teams kamen weiter. Aber während das westdeutsche Team am Ende den Titel holte, schied das ostdeutsche in der zweiten Runde als Dritter aus.

Zu Europameisterschaften schaffte es die DDR-Auswahl dagegen nie. Nah dran an einer EM-Reise war sie jedoch ein paar Mal, vor allem bei ihrem letzten Turnier vor der Wiedervereinigung, als der spätere Weltenbummler Bernd Stange das Team coachte. In den 2000er-Jahren sollte Stange unter anderem die Nationalteams von Oman, Irak, Weißrussland, Singapur und Syrien trainieren. Doch zwischen 1983 und 1988 leitete er die DDR-Nationalmannschaft an. In der Qualifikationsgruppe für die EM 1988 in Westdeutschland ließ das Team des Deutschen Fußball-Verbandes unter anderem den Titelverteidiger Frankreich mit seinem Spielmacher Michel Platini hinter sich. Nach einem 0:0 in Leipzig gewann das DDR-Team die Partie in Frankreich durch ein spätes Tor von Rainer Ernst 1:0. Der Sieg reichte allerdings schon nicht mehr zum Weiterkommen, weil zuvor das entscheidende Heimspiel gegen die Sowjetunion nicht gewonnen werden konnte. Die UdSSR qualifizierte sich – und überzeugte bei der EM 1988.

FRAGE
70

Mit welcher Vorhersage hat der britische Wetter Daman Chick aus Birmingham eine Million Pfund gewonnen bei der EM 2016?

a) Er sagte vor dem Turnier das Aus der Engländer im Achtelfinale gegen Island vorher.
b) In einer Kombinationswette sagte er vor dem Turnier die ausgeschiedenen Vorrundenteams alle richtig vorher.
c) Er sagte vor dem Achtelfinale die beiden Finalisten Portugal und Frankreich sowie den EM-Sieger Portugal richtig vorher.
d) Er sagte vor dem Endspiel den Torschützen des 1:0 im EM-Finale, den Portugiesen Éder, vorher – und dass dieser in der 84. Minute treffen würde.

ANTWORT

d) Er sagte vor dem Endspiel den Torschützen des 1:0 im EM-Finale, den Portugiesen Éder, vorher – und dass dieser in der 84. Minute treffen würde.

Wer sich jetzt vorstellt, dass der 32-jährige Brite Daman Chick im Sommer 2016 ganz viele Statistiken gewälzt und zurate gezogen hat, dem raubte Chick schnell die Illusion. Auf dem Weg nach Griechenland, kurz vor dem Abflug, drückte er noch schnell auf den Namen Éder und die 84. Minute, so berichtete es der Küchen-Installateur aus Birmingham der britischen Rundfunkanstalt BBC. Das EM-Finale, in dem Éder dann in der 109. Minute das 1:0 für Portugal erzielte, hatte Chick dann gar nicht verfolgt. So dauerte es ein bisschen, bis er von seinem Gewinn erfuhr.

Der Wettanbieter BetVictor mit Sitz in Gibraltar lobte vor dem Endspiel das »Million Pound Goal« aus – dabei durften die Wetter, die im Lauf des Turniers eine Fünf-Pfund-Wette platzierten und sich für die Aktion anmeldeten, mitmachen. Sie mussten den ersten Torschützen des Endspiels nennen – sowie die Minute, in der er sein Tor erzielt. Eigentlich lag Chick mit der 84. Minute also daneben. Da sich aber nicht so viele Wetter trauten, den portugiesischen Einwechselspieler zu nennen, lag er am nähesten dran. »Mein Motto beim Glücksspiel ist immer: Erwarte das Unerwartete! Weil es so oft passiert«, sagte Chick später. Weit mehr Tipps als für Éder gingen nach Medienanagaben für den besten Torschützen des Turniers ein: Antoine Griezmann (36,5 Prozent). Sowie für Portugals Cristiano Ronaldo (18 Prozent). Recht behielt am Ende jedoch Daman Chick.

FRAGE
71

Die Trikots welcher Nationalmannschaft hielten bei der EM 2016 einem Reißtest in der ersten Partie nicht stand?

a) Österreich
b) Schweiz
c) Slowakei
d) Island

ANTWORT

b) Schweiz

»Ich hoffe, Puma macht keine Pariser«, sagte der Nationalspieler Xherdan Shaqiri nach dem letzten Gruppenspiel seiner Schweizer bei der EM 2016 gegen Frankreich. Denn beim 0:0 mussten sechs seiner Mitspieler das Trikot wechseln, Granit Xhaka zog sich sogar zweimal um. Die Hemden waren zuvor gerissen. Die Aufregung war groß – in den sozialen Netzwerken war schnell vom Hashtag #trikotgate die Sprache, schließlich gab das Material beim kleinsten Zupfer der Franzosen nach. »Was ist bloß mit unseren Nati-Shirts los?«, fragte das Schweizer Boulevardblatt *Blick*. Das musste auch der Herzogenauracher Ausrüster klären. Einen Tag nach dem Sonntagabendspiel gab er bekannt: »Puma hat den Bestand aller EM-Trikots seiner ausgerüsteten Teams geprüft und kann versichern, dass es nicht zu einer Wiederholung dieses Falls kommt.«

Der Ausrüster hatte herausgefunden, dass »es eine fehlerhafte Materialcharge gegeben hat, in der Garne während der Produktion beschädigt wurden, was zu einer Schwächung des fertigen Trikotstoffs geführt hat«. Das schwache Trikotmaterial sei aber nur »in einer kleinen Stückzahl« der Schweizer Trikots verwendet worden. Glück also auch für Italien, Österreich, Slowakei und Tschechien, die 2016 ebenfalls in Puma-Trikots antraten. Weil sie nach dem Remis gegen Frankreich eine Runde weiterkamen, kommentierten auch die anderen Nationalspieler den Abend so betont lässig wie Shaqiri: »Wir Schweizer sind halt nur so zu stoppen«, fand etwa Granit Xhaka.

FRAGE
72

Im EM-Finale 2000 zwischen Frankreich und Italien glich Sylvain Wiltord in der Nachspielzeit zum 1:1 für Frankreich aus. In der Verlängerung erzielte David Trézéguet das Golden Goal nach Vorarbeit von Robert Pirès. Was war das Besondere an diesen drei Spielern?

a) Sie hatten zuvor noch nie zusammengespielt.
b) Sie waren ursprünglich nicht in Frankreichs Aufgebot und rutschten nur durch Verletzungen hinein.
c) Es waren ihre jeweils ersten Torbeteiligungen in der Nationalmannschaft.
d) Sie wurden im Laufe des Spiels eingewechselt.

Magisches Dreieck: Robert Pirès (2.v.l.), David Trézéguet (Mitte, direkt hinter dem Pokal) und Sylvain Wiltord (r.).

ANTWORT

d) Sie wurden im Laufe des Spiels eingewechselt.

Roger Lemerre hatte da ein ganz gutes Händchen im Endspiel der EM 2000. Beim Stand von 0:1 gegen Italien war der französische Nationalcoach nach knapp einer Stunde zum Handeln gezwungen. Er nahm den Stürmer Christophe Dugarry vom Feld und brachte für ihn Sylvain Wiltord. Doch nach diesem positionsgetreuen Wechsel blieb die erhoffte Wirkung aus, später wechselte Lemerre noch den Angreifer David Trézéguet und den Mittelfeldmann Robert Pirès ein, kurz vor dem Ende der Partie gab Frankreich die Balance im Spiel zugunsten der Offensive auf. Und das Risiko zahlte sich aus – in der vierten Minute der Nachspielzeit: Trézéguet verlängerte einen langen Ball vom Torwart Fabien Barthez in den Strafraum zu Wiltord. Der traf ins lange Eck. »Die Italiener feierten schon ihren Sieg, das hat uns wachgerüttelt«, sagte Kapitän Didier Deschamps.

So sehr, dass sie auch noch das 2:1 erzielten. In der Verlängerung trickste sich Pirès auf der linken Außenbahn an vier Gegenspielern vorbei, flankte den Ball flach zum Elfmeterpunkt, wo Trézéguet im Rücken der beiden italienischen Innenverteidiger Paolo Maldini und Mark Iuliano direkt zum Schuss kam – und in der 103. Minute das Golden Goal erzielte. Frankreich hatte etwas Historisches geschafft: Als erstes Team wurde es im Anschluss an einen WM-Titel auch Europameister. »Das ist einer der schwierigsten Momente in meinem Leben«, sagte Italiens Trainer Dino Zoff. Und Roger Lemerre? Der fand: »Wir sind natürlich sehr glücklich.«

FRAGE 73

Welche Anhänger erregten bei der EM 2012 Aufmerksamkeit mit einem Banner mit der Aufschrift »Angela Merkel thinks we're at work« (Angela Merkel glaubt, wir sind bei der Arbeit)?

a) Polnische Fans
b) Deutsche Fans
c) Irische Fans
d) Griechische Fans

ANTWORT

c) Irische Fans

Auch wenn es das Team im Jahr 2012 nicht unbedingt war, die Fans der irischen Nationalmannschaft waren in diesem Sommer in EM-Form, vielleicht sogar reif für den Titel als beste Anhänger. Schließlich brachten sie mit ihrer Folk-Ballade »Fields of Athenry« sogar den ARD-Kommentator Tom Bartels zum Schweigen. Die Spieler auf dem Rasen unterlagen zwar 0:4, doch das war den etwa 20.000 Iren auf den Tribünen mehr oder minder egal in diesem Moment, so wie das 1:3 zuvor gegen Kroatien und das 0:2 zum Abschluss gegen Italien. »Für uns spielt das Geschehen auf dem Platz eine eher untergeordnete Rolle. Wenn wir reisen, dann haben wir Spaß«, sagte der Anhänger Richie Tuohy zum Magazin *11Freunde*.

Tuohy und seine Freunde aus der Stadt Limerick brachten es in den EM-Tagen zu einer weltweiten Berühmtheit. Denn die Reisegruppe schrieb auf ihre riesige Irland-Flagge: »Angela Merkel thinks we're at work«. Es war die EM während der Finanzkrise in Europa. »Meine Freunde und ich wollten einen Witz darüber machen, dass Deutschland in Gestalt von Frau Merkel den Iren aus der Patsche hilft«, sagte Tuohy. Sieben Jahre nach der EM heiratete Richie Tuohy dann seine langjährige Freundin Orlagh Eichholz – eine gebürtige Deutsche. Der Brautvater lud daher die immer noch amtierende Kanzlerin Angela Merkel zur Hochzeit ein, schrieb die Zeitung *Irish Examiner*. Merkel kam zwar nicht, schickte den frisch Vermählten aber ein Gratulationsschreiben. Welch Happy End in Irland.

FRAGE 74

Nach dem Ausscheiden in der Gruppenphase der EM 2004 in Portugal glaubte ganz Italien, dass das Team betrogen wurde. Was war passiert?

a) Im entscheidenden Spiel gegen Bulgarien erzielte Antonio Cassano ein Traumtor, das wegen Abseits aberkannt wurde – eine klare Fehlentscheidung.
b) Das Parallelspiel zwischen Schweden und Dänemark endete 2:2. Mit diesem Ergebnis war von vornherein klar, dass die beiden skandinavischen Nationen weiterkommen würden – und Italien ausscheiden würde.
c) Im Parallelspiel zwischen Schweden und Dänemark setzten die Schweden mit Olof Mellberg einen Spieler ein, der eigentlich gesperrt war. Der UEFA fiel das nicht auf.
d) Vor dem letzten Gruppenspiel gab es kleinere Auseinandersetzungen zwischen italienischen und bulgarischen Fans. Die italienischen Anhänger wurden als die Schuldigen ausgemacht, ihnen wurde der Zutritt ins Stadion verwehrt.

ANTWORT

b) Das Parallelspiel zwischen Schweden und Dänemark endete 2:2. Mit diesem Ergebnis war von vornherein klar, dass die beiden skandinavischen Nationen weiterkommen würden – und Italien ausscheiden würde.

»Es ist unmöglich, so ein Ergebnis zu arrangieren. Das könnte nicht einmal Steven Spielberg«, sagte Schwedens Stürmer Henrik Larsson vor dem abschließenden Gruppenspiel gegen Dänemark. Eines war klar: Sollte sein Team 2:2 gegen die Dänen spielen, scheiden die favorisierten Italiener aufgrund des direkten Vergleichs schon in der Vorrunde der EM 2004 aus, egal wie hoch sie gegen Bulgarien gewinnen sollten. Der Italiener Gennaro Gattuso wollte daher 50 Fernsehkameras beim skandinavischen Duell wissen. Erinnerungen an die Schande von Gijón wurden wach – als die deutsche Mannschaft bei der WM 1982 mit einem 1:0 gegen Österreich weiterkam. Nach dem Siegtor griffen beide Teams nicht mehr an, Algerien schied durch dieses Ergebnis aus.

Und Italien ging es nicht anders: Es gewann zwar 2:1 gegen Bulgarien, doch Schweden und Dänemark trennten sich 2:2, durch ein schwedisches Tor in der 89. Minute – ein Hang von Spielberg-Filmkunst. Italien, Schweden und Dänemark hatten so fünf Punkte, den direkten Vergleich gewannen die skandinavischen Mannschaften. Italiens Verbandspräsident Franco Carraro witterte Betrug: »Ich glaube, sie wollten unentschieden spielen, auch wenn sich eine Abmachung nur schwer beweisen lässt.« Sein Verband verzichtete trotzdem darauf, Protest einzulegen. Die UEFA ermittelte nicht.

FRAGE 75

Gegen welchen Teilnehmer der EM 2021 bestritt die Fußballnationalmannschaft der DDR ihr letztes Länderspiel?

a) Österreich
b) Schottland
c) Belgien
d) Frankreich

DDR-Nationalspieler Andreas Wagenhaus (vorne) versucht, am Ball zu bleiben.

ANTWORT

c) Belgien

Ein späterer Europameister und Europas Fußballer des Jahres sollte die letzten Tore der Fußballnationalmannschaft der DDR schießen: Matthias Sammer, der beide Titel im Jahr 1996 errang, als Deutschland längst ein geeintes Land war. Am 12. September 1990, knapp einen Monat vor der Wiedervereinigung, gastierte die DDR-Elf im Brüsseler Constant-Vanden-Stock-Stadion für ein Freundschaftsspiel. Ursprünglich hätte es noch eine Qualifikationspartie für die EM 1992 in Schweden sein sollen, doch da sich die Wiedervereinigung beschleunigte, zog der Deutsche Fußball-Verband (DFV) seine Mannschaft von der Qualifikation zurück.

Sammer, damals 23 Jahre alt, führte das Team als Kapitän aufs Feld. Er war der prominenteste im Kader, Kollegen wie Andreas Thom oder Ulf Kirsten spielten nicht mit. Von 22 bis 24 Absagen war danach die Rede. »Einer nach dem anderen gab mir einen Korb. Jeder hatte irgendwelche Ausreden oder Ausflüchte«, erinnerte sich der Trainer Eduard Geyer später in seinem Buch »Einwürfe«. Am Ende reisten nur 14 Spieler nach Brüssel. Die DFV-Auswahl war klarer Außenseiter, und doch setzte sie sich 2:0 durch. »Dass wir diese starke Truppe mit unserem Himmelfahrtskommando besiegten, gab mir Genugtuung«, fand Geyer. Sammer erzielte in der zweiten Hälfte die Länderspieltore 500 und 501 im 293. Länderspiel des Landes. Mit einer Niederlage in Polen (0:3) startete die Geschichte der DDR-Nationalmannschaft am 21. September 1952, mit einem Sieg in Belgien endete sie.

FRAGE 76

Wie erreichte der Gastgeber Italien das EM-Finale 1968 im Halbfinale gegen die UdSSR?

a) Trotz dreier roter Karten
b) Per Münzwurf
c) Zu neunt, weil damals noch keine Auswechslungen erlaubt waren
d) Im Elfmeterschießen

ANTWORT

b) Per Münzwurf

Kurt Tschenscher pfiff die Partie ab – und wusste, dass die Frage, wer nach dem 0:0 ins Finale einziehen sollte, jetzt er beantworten musste. Denn bei der EM 1968 gab es nach der Verlängerung noch kein Elfmeterschießen, die Partie musste per Münzwurf entschieden werden. Tschenscher nahm also seine »schwere, türkische Spielmünze ohne Zahl – auf der einen Seite war ein Fußball abgebildet, auf der anderen ein Fußballtor«, verriet er später dem Berliner *Tagesspiegel*. Die Münze hatte er von einem türkischen Schiedsrichterkollegen bekommen. Gemeinsam mit den beiden Kapitänen, Giacinto Facchetti vom Gastgeber Italien und Juri Istomin von der Sowjetunion, schritt Tschenscher zum Anstoßkreis, um den Münzwurf im Stadion des SSC Neapel durchzuführen.

Doch die beiden Verbandspräsidenten Artemio Franchi (Italien) und Valentin Granatkin (UdSSR) waren da anderer Meinung. Sie baten ihn in die Schiedsrichterkabine, um die Entscheidung unter Ausschluss der Öffentlichkeit zu fällen. Nach einem Probewurf auf Bitten Granatkins hin, den die UdSSR gewann, folgte der entscheidende Wurf: Franchi votierte für die Seite des Tores. »Ich warf die Münze noch mal hoch«, erinnerte sich Tschenscher. »Und diesmal lag sie mit dem Tor-Emblem nach oben auf meinem Handrücken. Damit waren Spiel und Schicksal besiegelt – Italien war im Finale.« Der Jubel in Neapel war groß, doch den Verantwortlichen war schnell klar, dass sie eine angemessenere Lösung nach einem Remis nach 120 Minuten brauchten.

FRAGE
77

In welchem EM-Endrundenspiel fielen die meisten Tore?

a) Frankreich – Jugoslawien, Halbfinale am 6. 7. 1960
b) Niederlande – Jugoslawien, Gruppenspiel am 25. 6. 2000
c) Schweden – Bulgarien, Gruppenspiel am 14. 6. 2004
d) Frankreich – Island, Viertelfinale am 3. 7. 2016

ANTWORT

a) Frankreich – Jugoslawien, Halbfinale am 6. 7. 1960

Das Spiel mit den meisten Toren bei einer Fußball-Europameisterschaft ist immer noch die allererste Partie. 5:4 bezwang Jugoslawien den Gastgeber Frankreich bei der EM 1960. Jugoslawiens Angreifer Milan Galić erzielte in der elften Minute das erste Turniertor überhaupt. Danach sah es allerdings so aus, als würde sich der Gastgeber klar durchsetzen. Bis zur Halbzeit drehten die Franzosen die Partie, bis zur 75. Minute stand es gar 4:2. Doch dann trafen binnen drei Minuten Tomislav Knez und Dražan Jerković (2). Damit machten sie die Partie zur torreichsten einer EM-Endrunde.

Nach dem Neun-Tore-Spiel zum EM-Start folgen in der Reihe der Partien mit den meisten Treffern gleich drei, in der sieben Tore erzielt wurden. Und dabei fällt auf, dass die Nationalmannschaft aus Jugoslawien eine Vorliebe für viele Tore hatte: Bei der EM 2000 verlor sie in der Vorrunde 3:4 gegen Spanien durch zwei Gegentore in der Nachspielzeit. Vier Tage später unterlag sie im Viertelfinale in Rotterdam dem Gastgeber-Team aus den Niederlanden 1:6. Patrick Kluivert traf dreimal, Savo Milošević erzielte in der Nachspielzeit den Ehrentreffer für die Jugoslawen. Gemeinsam wurden die beiden Torschützenkönige des Turniers. Und auch das französische Team steht für viele Tore: Das dritte Spiel mit sieben Treffern bestritt es, ebenfalls als Gastgeber, im Viertelfinale 2016 gegen Island – Frankreich gewann 5:2. Der Torschützenkönig des Turniers, der Franzose Antoine Griezmann, schoss immerhin ein Tor.

FRAGE
78

Wer wurde bei der EM 1996 nach einer Sondergenehmigung der UEFA vom deutschen Bundestrainer Berti Vogts nachnominiert?

a) René Schneider
b) Dieter Eilts
c) Mehmet Scholl
d) Jens Todt

ANTWORT

d) Jens Todt

Die Feldspieler-Trikots für die beiden Ersatztorhüter Oliver Kahn und Oliver Reck waren bereits vor dem Halbfinale bei der EM 1996 bedruckt worden. Der Deutsche Fußball-Bund präsentierte die Trikots eigens bei einer Pressekonferenz. Wenn man um die fußballerischen Fähigkeiten der beiden weiß, muss man also feststellen: Die Not war groß im deutschen Team – und sie wurde nach dem Sieg im Elfmeterschießen gegen die Engländer noch größer. Nachdem Kahn und Reck im Halbfinale doch nicht mitspielen mussten, »drohte« ihr Einsatz im Finale. Lediglich acht der 19 Feldspieler trainierten zwei Tage vor dem Endspiel mit. Andreas Möller und Stefan Reuter waren im Finale gesperrt, Steffen Freund fiel mit einem Kreuzbandriss aus. Thomas Helmer, René Schneider, Thomas Häßler, Jürgen Klinsmann und Stefan Kuntz fehlten angeschlagen, und Jürgen Kohler, Mario Basler und Fredi Bobic waren schon längst verletzt in die Heimat gereist.

Der DFB beantragte eine Sondergenehmigung, um einen Feldspieler nachnominieren zu dürfen, überraschend gab die UEFA dem Gesuch statt. So durfte der Mittelfeldspieler Jens Todt das Team verstärken, einen Tag vor dem Endspiel kam er in London an. Mitspielen durfte er dann aber doch nicht, denn die angeschlagenen Spieler meldeten sich alle fit. So trat die DFB-Auswahl mit 13 Feldspielern an, weshalb Todt nicht für den Kader nominiert werden durfte. Eine Medaille für den EM-Titel bekam er am Ende aber trotzdem, der Wochenendtrip hatte sich gelohnt.

FRAGE 79

Nach dem EM-Titel 1996 kam der damalige Bundeskanzler Helmut Kohl in die Kabine der deutschen Fußballer, um ihnen zum Erfolg zu gratulieren. Mit welchem Lied empfingen sie ihn?

a) »Helmut, trink doch Sekt mit uns!«
b) »Helmut, senk den Steuersatz!«
c) »Helmut, dusch doch mit!«
d) »Helmut, lass den Geldbeutel da!«

Schrei vor der Queen: Kapitän Jürgen Klinsmann bejubelt den Europameister-Titel 1996.

ANTWORT

b) »Helmut, senk den Steuersatz!«

Lange wagten sich die deutschen Bundeskanzler nicht in die Kabine der Fußball-Nationalmannschaft, wohl auch weil der Fußball in den Anfängen der Republik noch nicht die Popularität von heute besaß. Doch seit dem sechsten Kanzler der Republik, Helmut Kohl, gehört der Besuch bei schwitzenden und ausgepumpten Kickern zum Politikerjob dazu. So ein Besuch dient den Politikern natürlich auch dazu, sich mit den erfolgreichen Fußballern zu schmücken, eine gewisse Nähe zu ihnen zu inszenieren. So ganz ist die Politik also nicht aus dem Sport herauszuhalten. Solch bildstarke Auftritte wie Angela Merkel, die etwa dem oberkörperfreien Mesut Özil nach dem 3:0 Deutschlands gegen die Türkei in Berlin gratulierte, vermied Kohl in den 1980er- und 1990er-Jahren noch.

Erstmals marschierte er nach dem Finale 1986 in Mexiko-Stadt in die Kabine – nach einer knappen Niederlage gegen Diego Maradonas Argentinier. Und ganz diplomatisch hatte er sich dann offenbar nicht angestellt. Nach Angaben des *Spiegels* soll Kohl den Spielern zur Aufmunterung gesagt haben: »Wer hätte vor vier Wochen gedacht, dass wir Vize-Weltmeister werden?« Das linderte den Frust natürlich nicht. Ihre Nachfolger haben es dem Kanzler auf ihre Art zurückgezahlt: »Helmut, senk den Steuersatz!«, schmetterten sie ihm nach dem Finalsieg in England entgegen. Der Mittelfeldspieler Mehmet Scholl antwortete später auf die Frage, wie es denn so war, den Bundeskanzler in der Umkleidekabine zu empfangen, mit einem Wort: »Eng.«

FRAGE
80

Zur EM 2016 entstand nach Jahren wieder ein Mannschaftssong, an dem deutsche Nationalspieler mitwirkten. Wie heißt das Lied?

a) Mit ein bisschen Mut
b) Jeder für Jeden
c) Zusammen
d) Vive la Mannschaft

ANTWORT

b) Jeder für Jeden

In erster Linie sind sie zwar Sportler, doch unter anderem eine Platin-Schallplatte haben die deutschen Fußball-Nationalspieler auch schon gewonnen – gemeinsam mit Udo Jürgens für das Studioalbum »Buenos Dias Argentina« zur WM 1978. Bis 1994 sangen die Fußballer regelmäßig vor Weltmeisterschaften, den Abschluss bildete vor der WM in den USA »Far Away in America« mit den Village People. Dann zog sich die Nationalelf vom Singen zurück und überließ die WM/EM-Songs den Musikern, die sich mal besser und mal schlechter anstellten. Qualität liegt freilich immer im Auge des Betrachters.

Erst 2016 trauten sich wieder Nationalspieler ins Studio, wenngleich anders als früher nur ein paar dabei waren und die auch nicht als Interpreten, sondern als Unterstützer auftraten: Mario Götze, Sami Khedira, Christoph Kramer, Manuel Neuer, Marco Reus und Kevin Trapp tüftelten vor der Europameisterschaft in Frankreich gemeinsam mit dem Sänger Herbert Grönemeyer und dem DJ Felix Jaehn an einem neuen Werk: »Jeder für Jeden«. Zu hören sind dabei auch die Spieler, sie klatschen während des Refrains und halfen davor beim Texten. Grönemeyer singt unter anderem: »Und der nächste Berg, der nach Erklimmen schreit. Keine Ungewissheit, die alles besser weiß. Im Ball der Gefühle als Teil der Sinfonie. Alle Gedanken gehen auf, ein Wurf, dein Team. Und das Beben, das dich mitreißt, wo das Glück pulsiert, das nennt sich Leben und der Kopf dreht auf, euphorisiert.« Ein Stück Grönemeyer eben.

FRAGE
81

Wie viele Auftaktspiele hat das deutsche Team bis zum Start der EM 2021 verloren?

a) Vier Spiele
b) Ein Spiel
c) Kein Spiel
d) Zwei Spiele

ANTWORT

c) Kein Spiel

Die deutsche Nationalmannschaft hat über die Jahre einen besonderen Ruf bekommen: Sie sei eine »Turniermannschaft«, sagen die Fußball-Experten über sie. Sie meinen damit, dass sie pünktlich zu den Welt- und Europameisterschaften noch immer irgendwie in Schwung gekommen ist – egal, was zwischendurch so vorgefallen war. Und zumindest bei den EM-Auftaktspielen stimmt das auch. Denn als die Deutschen am 12. Juni 2016 in Lille durch Tore von Shkodran Mustafi und Bastian Schweinsteiger 2:0 gegen die Ukraine gewannen, da setzten sie eine beeindruckende Serie fort: Auch in ihrer zwölften EM-Auftaktpartie blieben sie unbesiegt (sieben Siege, fünf Remis). Begonnen hat die Serie mit dem 2:1 der DFB-Auswahl gegen den Gastgeber Belgien bei der EM 1972, als Gerd Müller das erste Tor der Deutschen bei einer EM-Endrunde erzielte – und das zweite gleich noch folgen ließ.

Gerissen wäre die Serie fast, als die Nationalelf als Weltmeister bei der EM 1992 antrat. Damals war im Auftaktspiel die GUS – die Gemeinschaft Unabhängiger Staaten, zu der sich Nachfolgestaaten der Sowjetunion zusammenschlossen – der Gegner. Per Elfmeter schoss Igor Dobrowolski die GUS in Führung. Und diese hielt bis zur letzten Spielminute, ehe Thomas Häßler zum Freistoß antrat: Der Spezialist traf sehenswert aus 18 Metern in die rechte obere Ecke – Torhüter Dmitri Charin war ohne Abwehrchance. Häßlers Treffer wurde später zum Tor des Monats Juni 1992 gewählt.

FRAGE
82

Wer ist der erste Deutsche, der eine Nationalmannschaft eines anderen Landes bei einer Fußball-Europameisterschaft betreute?

a) Josef Piontek
b) Otto Rehhagel
c) Rudi Gutendorf
d) Georg Keßler

ANTWORT

a) Josef Piontek

Für eine große Überraschung hatte die Mannschaft von Josef »Sepp« Piontek bereits vor der EM 1984 gesorgt. Pionteks Dänen besiegten in der Qualifikation zum Fußball-Großereignis England im Londoner Wembley-Stadion 1:0 durch ein Tor des früheren Gladbachers Allan Simonsen. Es war der entscheidende Erfolg der Dänen auf dem Weg zur EM in Frankreich. Und die Auftritte dort waren dann ähnlich überraschend und überzeugend. Als erster deutscher Coach startete Piontek mit einer Mannschaft aus dem Ausland in die Endrunde und erreichte nach der 0:1-Niederlage gegen Frankreich im Eröffnungsspiel durch zwei anschließende Siege gegen Jugoslawien (5:0) und Belgien (3:2) das Halbfinale.

Dort traf die offensivstarke Mannschaft auf die defensivstarken Spanier, die den Titelverteidiger Deutschland durch einen Erfolg im letzten Gruppenspiel aus dem Turnier geworfen hatten. Nach Toren von Sören Lerby für die Dänen und Antonio Maceda für Spanien musste das Elfmeterschießen in Lyon entscheiden, in dem der ehemalige Kölner Preben Elkjaer Larsen seinen Elfmeter übers Tor schoss und alle Spanier trafen. In Europa bekamen die Dänen trotzdem großen Zuspruch wegen ihres fulminanten Fußballs. Piontek, der als Bundesliga-Spieler beim SV Werder Bremen noch rustikaler Verteidiger war, führte das Land mit seinem offensiven Fußball auch noch zur WM 1986 und zur EM 1988, seine Trainerkarriere beendete er im Alter von 64 Jahren im Jahr 2004 als Nationalcoach von Grönland.

FRAGE
83

Wie viele Jahre nach dem Baubeginn wurde das EM-Stadion in St. Petersburg eröffnet?

a) Ein Jahr danach
b) Vier Jahre danach
c) Sieben Jahre danach
d) Zehn Jahre danach

Schmuckstück auf der Krestowski-Insel: das EM-Stadion in St. Petersburg.

ANTWORT

d) Zehn Jahre danach

Es war schon ein straffer Zeitplan, den sich die Verantwortlichen in St. Petersburg setzten. Aber als sie im Jahr 2007 mit dem Bau der Fußball-Arena starteten, da waren sie großer Hoffnung, dass das 61.000-Zuschauer-Stadion samt verschließbarem Dach bereits nach zwei Jahren Bauzeit fertig sein sollte. Der Plan scheiterte wenig überraschend. Dass er allerdings derart krachend scheiterte, war dann doch wieder überraschend: Erst am 22. April 2017 wurde die Arena mit dem 2:0 von Zenit St. Petersburg gegen Ural Jekaterinburg eingeweiht. Sie war gerade noch pünktlich fertig geworden für den Confed Cup im Juni und Juli 2017, dem Testlauf der WM 2018 in Russland, den Deutschland durch ein 1:0 im Finale in St. Petersburg gegen Chile gewann.

Der japanische Architekt Kisho Kurokawa erdachte den futuristischen Bau auf der Krestowski-Insel, auf der bereits das alte Kirow-Stadion bis 2006 stand. Unter anderem weil es Schwierigkeiten mit dem Baugrund gab, aber offenbar auch weil nicht das ganze Geld in die Baustelle floss, explodierten die Kosten über die Jahre. Am Ende soll das Stadion umgerechnet mehr als 900 Millionen Euro gekostet haben. Der verantwortliche Vize-Gouverneur von St. Petersburg, Marat Oganessjan, gab später zu, dass er mehr als 50 Millionen Rubel (etwa 700.000 Euro) unterschlagen hat. Als »Tempel der Verschwendung« wird das Stadion des Vereins Zenit nach Angaben der Webseite sportschau.de mittlerweile in Russland bezeichnet.

FRAGE
84

Eine kuriose Pressekonferenz trug sich im September 2015 in Wien zu. Mit was erschien Österreichs Nationaltrainer Marcel Koller zu der Veranstaltung?

a) Apfelstrudel und Fliege
b) Baguette und Baskenmütze
c) Sachertorte und Cappuccino
d) Wiener Schnitzel und Strohhut

ANTWORT

b) Baguette und Baskenmütze

Der österreichische Nationaltrainer Marcel Koller nahm Platz vor den Journalisten. Auf dem Kopf trug er eine Baskenmütze, vor ihm lehnte ein Baguette. Der Schweizer grinste, ehe er mit seinen Ausführungen begann. Er sei froh, sagte Koller, »dass ich jetzt offiziell verkünden kann: Frankreich, wir kommen!« Und schon biss er in das Baguette. »Schmeckt sehr gut, ich kann es nur empfehlen«, war sein Fazit. Die Szenerie verrät schnell: Dieser 9. September 2015, an dem die Pressekonferenz stattfand, war ein Jubeltag für den österreichischen Fußball. Erstmals gelang der ÖFB-Auswahl die sportliche Qualifikation für eine EM-Endrunde, bei der zuvor einzigen Teilnahme 2008 war das Land als Gastgeber gesetzt. Zudem lösten die Österreicher ihr Ticket für das Turnier 2016 in beeindruckender Manier, durch einen 4:1-Erfolg am Vorabend der Pressekonferenz in Schweden. In eigens angefertigten T-Shirts feierten die Österreicher in Stockholm.

Mit neun Siegen und ohne Niederlage erreichte das ÖFB-Team letztlich das Turnier in Frankreich – in Österreich kam daher im September 2015 Euphorie auf. Die versuchte Koller dann trotz seiner guten Laune und der wie Faschingsmontur anmutenden Baskenmütze gleich wieder zu drosseln. Man dürfe nicht »auf Wolke sieben schweben und Hochrechnungen anstellen, die nicht eintreffen«, sagte er. Im Nachhinein wirkt das wie eine dunkle Vorahnung: Österreich schied bei der EM als Tabellen-Letzter der Vorrundengruppe F aus.

FRAGE
85

Wer bekam als deutscher Nationaltrainer den Spitznamen »Häuptling Ondulierte Silberlocke« verpasst?

a) Helmut Schön
b) Sepp Herberger
c) Jupp Derwall
d) Erich Ribbeck

ANTWORT

c) Jupp Derwall

Erst einmal ist es natürlich wichtig, zu klären, was das Wort »ondulieren« bedeutet. Es beschreibt im Grunde die Aufgabe eines Lockenstabs, also das Haupt- oder Barthaar eines Menschen zu wellen. Der im Jahr 2007 verstorbene frühere Nationaltrainer Jupp Derwall trug sein graues Haar tatsächlich zur Seite gewellt, was Max Merkel, einst Meistertrainer mit dem TSV 1860 München und dem 1. FC Nürnberg, auf den Spitznamen brachte. Er schrieb im Jahr 1979 in einer Kolumne im Magazin *Der Spiegel*: »So schön wie Jupp Derwall ist noch kein Bundestrainer gewesen. Unter dem Römerkopf mit dem silbergraumelierten Haar stören nicht einmal die Fußballerbeine und der Umstand, daß (sic!) er beidfüßig über den großen Zeh watschelt. Ob allerdings Häuptling Ondulierte Silberlocke auch ein großer Bundestrainer wird, muß (sic!) stark bezweifelt werden.« Derwall habe »bis zum 53. Lebensjahr noch keinen Blumentopf gewonnen«. Die EM-Qualifikation 1980 sei mit seiner »Schlafwagengesellschaft« ungewiss.

Merkel war nie zimperlich in seinen Kommentaren, Recht hatte er eben aber auch nicht immer. Denn Derwall, von 1978 bis 1984 im Amt, gewann als bisher einziger Bundestrainer gleich bei seinem ersten Turnier, der EM 1980, mit seiner Mannschaft den Titel. Über die Jahre lernte er, damit umzugehen, dass man sich einen Spitznamen einerseits nicht aussuchen kann und ihn andererseits auch nicht mehr loswird. Selbst in den Nachrufen auf Derwall war im Sommer 2007 noch stets die Rede vom »Häuptling Silberlocke«.

FRAGE
86

Welches Kunststück gelang dem italienischen Torwart Gianluigi Buffon 2016?

a) Er wurde zum ersten Torwart, der bei fünf EM-Turnieren spielte.
b) Er wurde zum ersten Torwart, der einen Elfmeter im Elfmeterschießen traf.
c) Er wurde zum ersten Torwart, der bei einer Endrunde fünf Mal ohne Gegentor blieb.
d) Er wurde zum ersten Torwart, der bei drei Endrunden einen Elfmeter im Elfmeterschießen hielt.

Italienischer Weltklasse-Torwart: Gianluigi Buffon.

ANTWORT

d) Er wurde zum ersten Torwart, der bei drei Endrunden einen Elfmeter im Elfmeterschießen hielt.

Der deutsche Schütze Thomas Müller ließ sich nicht viel Zeit, nachdem er den Ball am Elfmeterpunkt abgelegt hatte. Er lief sofort an zu seinem Elfmeter – ziemlich lässig wohlgemerkt –, im Tor vor ihm hüpfte der italienische Torwart Gianluigi Buffon. Müller ließ sich von der Umtriebigkeit Buffons nicht irritieren, er wurde nicht schneller, sondern beobachtete Buffon beim langen Anlauf beharrlich. Doch der Torhüter wartete ebenfalls ab, er bewegte sich nicht von der Mitte des Tores weg. Also schoss Müller den Ball einfach nach rechts – jedoch unplatziert. Buffon, der sich für diese Ecke entschied, hielt den Ball vor dem Fanblock der Italiener. Dort brach der Jubel los im Viertelfinale der Europameisterschaft 2016 in Frankreich. Italien war wieder im Geschäft, nachdem dessen Angreifer Simone Zaza zuvor seinen Elfmeter nach einem sonderbaren Tippel-Schritt-Anlauf übers Tor schoss.

Dieser 2. Juli 2016 wurde letztlich trotzdem zu einem historischen Tag für die deutsche Auswahl, die sich nach dem entscheidenden Treffer von Jonas Hector erstmals bei einer Endrunde gegen die Italiener durchsetzen konnte. Doch auch der damals 38-jährige Buffon erlebte seinen Meilenstein: Weil er Müllers Elfmeter hielt, war er der erste Torwart, der bei drei EM-Endrunden einen Elfmeter im Elfmeterschießen parieren konnte. Zuvor war er bereits als Elfmetertöter gegen den Spanier Daniel Güiza bei der EM 2008 und gegen den Engländer Ashley Cole bei der EM 2012 in Erscheinung getreten.

FRAGE
87

Wie viel kostete der Bau des teuersten Stadions der EM 2021?

a) 700 Millionen Euro
b) 950 Millionen Euro
c) 1,2 Milliarden Euro
d) 1,6 Milliarden Euro

ANTWORT

c) 1,2 Milliarden Euro

»Wembley ist die Kirche des Fußballs. Es ist die Hauptstadt des Fußballs, und es ist das Herz des Fußballs«, sagte der brasilianische Stürmer Pelé noch über das alte Wembley-Stadion, das 2003 abgerissen wurde. An der Aussage hat sich auch beim neuen Stadion nichts geändert. Wembley ist immer noch der Sehnsuchtsort der Fußballer. Allerdings ein ziemlich teurer: Rund 1,2 Milliarden Euro hat das 2007 fertiggestellte neue englische Nationalstadion, erbaut auf dem Grund des alten, gekostet. Zeitweise stockte die Arbeit auf der Großbaustelle, weil es an Stahlbauteilen mangelte. Architekt des Projekts war Norman Foster, der in Deutschland auch den Umbau des Reichtages in Berlin verantwortete. Foster hatte Pelé gut zugehört: Vor dem Bau versprach er den Menschen »eine Kathedrale des Fußballs«.

Diese wird bei der EM 2021 das Finalstadion sein. Die schiere Größe des Stadions überwältigt schon Zuschauer, die sich von der U-Bahn-Station Wembley Park nähern. Die Arena hat ein verschließbares Dach und bietet 90.000 Sitzplätze, das sind die zweitmeisten in Europa nach dem Camp Nou in Barcelona. Zwei Mal fand bereits das Finale der Champions League im Wembley-Stadion statt: 2011 gewann der FC Barcelona, 2013 folgte das deutsche Endspiel, in dem der FC Bayern 2:1 gegen Borussia Dortmund siegte. Im Jahr 2024 empfängt das Wembley-Stadion erneut die Finalisten der Fußball-Königsklasse – ein Jahr nach einem besonderen Jubiläum: 1923 wurde »das Herz des Fußballs«, wie Pelé sagte, eröffnet.

FRAGE 88

Für einige dramatische Momente bei Europameisterschaften sorgte das Elfmeterschießen. Wer ist der Erfinder dieser Entscheidung nach einem Remis in der Verlängerung?

a) Der Österreicher Fritz Forst
b) Der Schweizer Urs Wild
c) Der Deutsche Karl Wald
d) Der Luxemburger Walter Baum

ANTWORT

c) Der Deutsche Karl Wald

Ein Straßenschild in Penzberg verrät den Namen des Tüftlers: »Karl-Wald-Straße« steht da in weißer Schrift auf blauem Grund an der Straße zum Stadion des 1. FC Penzberg. Darunter folgt die Erklärung: Karl Wald (1916–2011), Fußballschiedsrichter, Erfinder des Elfmeterschießens. Ein gebürtiger Frankfurter, der ab den 1940er-Jahren im oberbayerischen Penzberg lebte, hat den Nervenkrimi erfunden, der in den vergangenen Jahrzehnten unzählige Engländer (und natürlich auch Fußballer anderer Länder) zur Verzweiflung gebracht hat. Und doch, bei all der Zitterei vor den Elfmetern, bedeutete das Ausschießen nach einem Remis in der Verlängerung im Jahr 1970 eine deutliche Verbesserung – war es doch eine sportliche Entscheidung: »Siege per Münzwurf, das waren keine Siege, das war gar nichts!«, sagte Wald einmal der *Süddeutschen Zeitung*. »Dermaßen ungerecht war das! Es konnte so nicht weitergehen.«

Schiedsrichter Wald testete das Elfmeterschießen also heimlich bei Schulturnieren und Freundschaftsspielen. Wie heute traten je fünf Schützen pro Team an, stand es dann noch unentschieden, ging es weiter. Die Idee kam an – und so stellte Wald sie samt Regelwerk beim Verbandstag des Bayerischen Fußball-Verbandes im Mai 1970 vor. Mit Erfolg: Der BFV führte den Vorschlag zur Saison 1970/71 ein – bald darauf übernahmen ihn der DFB, die UEFA und die FIFA. 2020 feierte sein Einfall sein 50-jähriges Jubiläum, der eine oder andere Nervenkrimi wird sich auch bei der EM nicht verhindern lassen.

FRAGE 89

Während der EM 2008 lieferte sich der Österreicher Michael Kriess einen Rechtsstreit mit der UEFA. Was forderte sein Anwalt »zur Sicherheit«?

a) UEFA-Präsident Michel Platini sollte seinen Reisepass abgeben.
b) Er wollte die 700 Millionen Euro Turniergewinn der UEFA vorerst einfrieren lassen.
c) Er wollte den EM-Pokal beschlagnahmen lassen.
d) Das folgende EM-Turnier in Polen und der Ukraine 2012 sollte provisorisch Österreich zugeschlagen werden.

ANTWORT

c) Er wollte den EM-Pokal beschlagnahmen lassen.

Der Streitwert lag bei 58.980 Euro – und daher war die Forderung nicht unerheblich, die der Österreicher Michael Kriess über seinen Anwalt verlauten ließ: Er wollte kurz vor dem EM-Finale 2008 den Coupe Henri Delauney beschlagnahmen lassen. Der silberne Pokal sollte als Pfand dienen, weil »die Uefa nur während der EM zugriffsbereites Vermögen in Österreich aufweist«, teilte sein Anwalt mit. Der Grund des Streits? Kriess, Moderator und Journalist, sei nach seinen Angaben als Stadionsprecher des Turniers in Klagenfurt und Innsbruck von der UEFA gebucht worden. Der österreichischen Nachrichtenagentur APA sagte er: »Ich hatte Verträge als Stadionmoderator für Innsbruck und Klagenfurt mit der UEFA und der Schweizer Produktionsfirma Faro-TV, die mit der UEFA zusammenarbeitet.« Zwei Tage vor Turnierbeginn seien diese einseitig gekündigt worden. Kriess, dessen Vater in den 1970er-Jahren für die Nationalmannschaft spielte, sprach von einem Verdienstausfall sowie einem Imageschaden.

Bekannt geworden war Kriess bereits ein halbes Jahr vor seiner Klage, weil er die Initiative »Österreich zeigt Rückgrat« anführte. Die forderte, das österreichische Nationalteam solle sich vom Heimturnier abmelden – weil es nach dem Geschmack der Initiative nicht gut genug Fußball spielte. Kriess sagte später, die Aktion sei ironisch gemeint gewesen. Erfolg hatte er mit der Initiative nicht – genauso wie mit der Beschlagnahme des EM-Pokals. Der wurde dem Europameister Spanien in Wien verliehen.

FRAGE 90

Was hat der europäische Fußball-Verband UEFA vor dem Turnier in Polen und der Ukraine 2012 mit einem kleinen Betrag finanziert?

a) Den Bau einer Kapelle
b) Die Sterilisierung wilder Hunde
c) Die Arbeit von Streetworkern
d) Den Bau eines Krankenhauses

ANTWORT

b) Die Sterilisierung wilder Hunde

Das Wohl und Wehe von ukrainischen Straßenhunden war das große Thema vor dem Start der Fußball-Europameisterschaft 2012 in Polen und der Ukraine. Mehrere Tausend Straßenhunde streunten alleine in der Hauptstadt Kiew herum, immer wieder kam es nach einem Bericht der Nachrichtenagentur APA auch zu Angriffen aggressiver Rudel auf Passanten. Der damalige UEFA-Präsident Michel Platini hatte sich bei einem Besuch im Gastgeberland über die wilden Hunde beklagt, woraufhin sich die UEFA entschloss, für ein Projekt zu spenden, im Rahmen dessen die Hunde sterilisiert wurden. Etwa 8600 Euro soll der Verband bezahlt haben, berichtete die ukrainische Zeitung *Segodnja*.

Wenige Monate später wurde dann jedoch bekannt, dass Straßenhunde in der Ukraine auch gezielt getötet wurden. Vom »Hundemassaker« schrieb die Tierschutzorganisation Peta, die Tiere würden teilweise bei lebendigem Leib in Krematorien verbrannt, lautete der Vorwurf. In den sozialen Netzwerken brach der Sturm der Entrüstung gegen die UEFA-Sponsoren los. Plötzlich sahen sich Unternehmen wie Adidas, McDonald's, Coca-Cola oder Canon mit der Forderung konfrontiert, den ukrainischen Straßenhunden zu helfen, was sie dann im Zuge der Krisen-PR zumindest wortreich taten. Die UEFA sah sich in der Folge als Vermittler – und erwirkte im November 2011 immerhin die offizielle Stellungnahme der ukrainischen Regierung, »unverzüglich das Töten herumstreunender Hunde zu beenden und zu verbieten«.

FRAGE
91

Wie viele Nationalverbände sind Mitglied der UEFA – also wie viele Nationen kämpfen alle vier Jahre um die Teilnahme an einer Fußball-Europameisterschaft?

a) 47
b) 50
c) 53
d) 55

ANTWORT

d) 55

Seit dem 3. Mai 2016 gehört der Fußballverband Kosovos zur UEFA, er ist damit das jüngste Mitglied unter den insgesamt 55 Landesverbänden, zuvor kam 2013 Gibraltar dazu. Alleine der Name Gibraltar verrät schon: Fußball und Politik, das ist nicht immer dasselbe. Denn obwohl 47 Staaten zum Kontinent Europa zählen, spielen 55 Nationalmannschaften um Teilnahmen an Welt- und Europameisterschaften im Fußball. Und das obwohl Monaco und die Vatikanstadt gar keine Mannschaften in dieses Rennen schicken. Gibraltar dagegen ist eines von 14 Britischen Überseegebieten. Eine weitere britische Eigenheit: Die vier Landesteile England, Nordirland, Schottland und Wales stellen traditionell jeweils eine eigene Nationalmannschaft, schon bei der UEFA-Gründung im Jahr 1954 traten die Verbände einzeln auf. Hinzu kommen noch Landesverbände, die eigentlich auf dem Kontinent Asien liegen, wie Aserbaidschan, Armenien, Georgien oder Israel. Und auch die Färöer, eigentlich ein Außengebiet Dänemarks und kein unabhängiger Staat, treten seit 1990 mit einem eigenen Nationalteam an.

Der Deutsche Fußball-Bund (DFB), also der Verband der Bundesrepublik Deutschland, wiederum zählt zu den Gründungsmitgliedern der UEFA – genauso übrigens wie der Fußball-Verband der Deutschen Demokratischen Republik und der Fußballbund des Saarlandes. Beide Verbände wurden später in den DFB eingegliedert, nachdem das Saarland (1956) sowie die DDR (1990) Teil der Bundesrepublik Deutschland wurden.

FRAGE
92

Die niederländische Hauptstadt Amsterdam ist Austragungsort bei der EM 2021. Nach welchem Niederländer wurde die Amsterdam Arena 2018 benannt?

a) König Wilhelm I.
b) Rinus Michels
c) Rembrandt
d) Johan Cruyff

Seit 2018 nach einem Niederländer benannt: die Amsterdam Arena.

ANTWORT

d) Johan Cruyff

Hendrik Johannes Cruyff, so hieß der bis heute prägendste niederländische Fußballer eigentlich, doch alle nannten ihn nur Johan Cruyff, später wurde er zu »König Johan«. Anfang 2018 erklärte sein ehemaliger Verein Ajax Amsterdam, dass er die Amsterdam Arena zur Saison 2018/19 in Johan-Cruyff-Arena umbenennt, eine posthume Ehre: Der frühere Spielmacher und Torjäger Cruyff war am 24. März 2016 im Alter von 68 Jahren an Lungenkrebs verstorben. Er erhielt Beileidsbekundungen aus aller Welt: »Der Fußball hat einen Mann verloren, der mehr dafür getan hat, dem schönen Spiel zur Schönheit zu verhelfen, als jeder andere«, schrieb Englands ehemaliger Nationalspieler Gary Lineker. 1971, 1973 und 1974 wurde Cruyff Europas Fußballer des Jahres, zudem gewann er von 1971 bis 1973 den Europapokal der Landesmeister mit Ajax. Zu einem Titel mit der Nationalmannschaft reichte es aber nicht: »Johan war der bessere Spieler, aber ich bin Weltmeister«, sagte Franz Beckenbauer einmal, der mit dem DFB-Team im WM-Finale 1974 gegen Cruyff gewann.

Später sollte Cruyff auch als Trainer den Fußball prägen. Er gilt etwa als Vater des Positionsspiels und damit des dominanten Stils des FC Barcelona, den der Klub unter Pep Guardiola von 2008 bis 2012 perfektionierte. Guardiola spielte von 1990 bis 1996 unter Cruyff – als Spielmacher. In die 1996 eröffnete Arena, die nun Cruyffs Namen trägt, passen 54.990 Zuschauer. Bei der EM finden dort drei Gruppenspiele sowie ein Achtelfinale statt.

FRAGE
93

Wo fand vor der Endrunde 2021 noch nie ein EM-Spiel statt?

a) Budapest
b) Kiew
c) Sarajevo
d) Malmö

ANTWORT

a) Budapest

Eine im wahrsten Sinne des Wortes neue Arena erwartet die Fußballer aus Portugal und Frankreich 2021. Sie werden in der deutschen Gruppe F je zweimal in Budapest spielen, zum Abschluss am 24. Juni gegeneinander. Erst am 15. November 2019 wurde die Puskás Aréna (zu Ehren des früheren ungarischen Torjägers Ferenc Puskás) mit einem Freundschaftsspiel der ungarischen Nationalmannschaft gegen Uruguay eröffnet – Ungarn unterlag 1:2. Das erste Tor in der Arena schoss der Gäste-Stürmer Edinson Cavani.

Als sich die Ungarn im Jahr 2013 um die Ausrichtung der EM 2020 beworben hatten, hatten sie noch gar kein geeignetes Stadion dafür, das alte Puskás-Ferenc-Stadion war zwar historisch bedeutend, aber auch zu klein. In diesem Stadion hatten die Ungarn um Puskás, der zweimal traf, am 23. Mai 1954 7:1 gegen England gewonnen – die höchste Niederlage in der Geschichte der englischen Nationalmannschaft. Pläne, das alte Stadion aufgrund seiner Historie in das neue zu integrieren, gab es anfangs. Diese wurden jedoch verworfen, 2016 wurde das alte Stadion abgerissen, der Bau der neuen Arena auf dem gleichen Grund unweit des Budapester Ostbahnhofs begann im Frühjahr 2017. Die Puskás Arena, eine wuchtige Erscheinung aus Stahl und Beton, ist im Übrigen das einzige Stadion, das für die EURO 2020 gebaut werden musste. Zu Beginn hatten die Ungarn mit einer Gesamtsumme von 112 Millionen Euro geplant, am Ende überstieg diese laut Medienberichten jedoch 600 Millionen Euro.

FRAGE
94

In welcher Stadt teilen sich der nationale Fußball- und der nationale Rugby-Verband das EURO-2020-Stadion?

a) London
b) Dublin
c) Baku
d) Glasgow

ANTWORT

b) Dublin

Es ist der Ort, an dem die irische Fußball-Nationalmannschaft im Oktober 2015 den amtierenden Weltmeister schlug: In der EM-Qualifikation gewannen die Iren durch ein Tor des eingewechselten Shane Long 1:0 gegen Deutschlands Fußball-Nationalmannschaft im Dubliner Aviva Stadium. Und an diesem Spielort werden auch bei der EM 2021 vier Spiele ausgetragen, 51.000 Zuschauer passen in das 2010 eröffnete Stadion, das die Heimspielstätte der irischen Fußballnationalmannschaft sowie des Rugby-Nationalteams ist. Im Jahr 2007 musste der Vorgänger, das Stadion an der Lansdowne Road, für die moderne Arena weichen. Das Stadion an der Lansdowne Road stand wiederum seit dem Jahr 1872 auf diesem Platz.

In der 410 Millionen Euro teuren neuen Arena wurde bereits ein europäisches Finale ausgetragen: das Europa-League-Endspiel 2011, es war eine rein portugiesische Angelegenheit: Der FC Porto bezwang Sporting Braga 1:0 durch ein Tor von Radamel Falcao, der mit insgesamt 17 Treffern Torschützenkönig des Wettbewerbs wurde. Das »Staidiam Aviva«, wie es auf Gälisch heißt, erinnert von der Seite betrachtet an eine Welle, die Außenfassade ist verglast und mit einer transparenten Kunststoffhaut überzogen. Es wurde in einer Kurvenform gebaut, der Nordrang besteht anders als der vierstöckige Rest des Stadions nur aus einer kleinen Tribüne. Daher ähnelt es aus der Vogelperspektive einem Hufeisen. Den Iren hat es schon öfter Glück gebracht – nicht nur gegen den damaligen Weltmeister im Jahr 2015.

FRAGE 95

Was zeichnet den Heimatklub des spanischen Austragungsortes der EM 2021 aus?

a) Der 1898 gegründete Verein ist der älteste Fußballklub Spaniens.
b) Der Verein gewann 1930 den ersten Meistertitel überhaupt in Spanien.
c) Der Klub ist mit 24 Titeln der Rekordsieger der Copa del Rey.
d) Nur Basken oder im Baskenland ausgebildete Spieler dürfen für den Klub spielen.

ANTWORT

d) Nur Basken oder im Baskenland ausgebildete Spieler dürfen für den Klub spielen.

In Zeiten der Globalisierung und der immer höheren Transfersummen im modernen Fußball wirkt die Anforderung wie ein Relikt aus einer anderen Zeit, doch beim spanischen Fußball-Erstligisten Athletic Bilbao ist die Herkunft ein Einstellungskriterium. Nur Basken oder im Baskenland ausgebildete Spieler dürfen für den Klub spielen – das heißt: Zumindest einen baskischen Ahn müssen die neuen Kicker schon vorweisen. Dieses ungeschriebene Gesetz gilt seit der Vereinsgründung 1898. Es ist im Übrigen aber auch ein Erfolgsmodell. Noch nie ist Athletic aus der ersten spanischen Liga abgestiegen, das verbindet den Klub mit den beiden größten Vereinen des Landes Real Madrid und FC Barcelona. Bilbaos Mannschaften zeichnete über die Jahrzehnte eine Geschlossenheit aus, die sich auch in schweren Jahren des Abstiegskampfs gewinnbringend auswirkte. Athletic war 1930 nach Barcelona zudem der zweite spanische Meister. Der Umstand, dass nur Basken für den Verein spielen, führt auch dazu, dass viele Spieler ihre gesamte Karriere bei ihm verbringen, wenige wie Javi Martínez, Bixente Lizarazu (beide FC Bayern) oder Aymeric Laporte (Manchester City) wechselten allerdings doch im Laufe ihrer Karrieren, um sich sportlich noch einmal zu verbessern.

Seine Heimspiele trägt der Verein im 2013 erbauten Estadio de San Mamés aus. Die 53.000-Sitze-Arena folgte in Bilbao auf das alte San Mamés, das die Fans ehrfurchtsvoll »La Catedral« nannten und das mittlerweile abgerissen wurde.

FRAGE
96

Mit welcher Verletzung spielte der deutsche Nationaltorwart Toni Schumacher im Endspiel der Europameisterschaft 1980?

a) Mittelfußbruch
b) Muskelfaserriss im Oberschenkel
c) Mittelhandbruch
d) Schultereckgelenksprengung

Na, wo tut es weh? Toni Schumacher beim EM-Finale 1980.

ANTWORT

c) Mittelhandbruch

Ein besonderes Durchhaltevermögen zeichnete Harald, genannt Toni, Schumacher zeit seiner Karriere aus. Der gebürtige Dürener hatte seinen letzten Bundesliga-Einsatz am 14. Mai 1996 im Alter von 42 Jahren, nachdem er als Ersatztorhüter bei Borussia Dortmund einsprang und in der 88. Minute eingewechselt wurde. Schumacher erlebte so seinen zweiten Meistertitel. Vier Jahre zuvor, nach einem Aushilfsjob und acht Einsätzen beim FC Bayern München, hatte der Torhüter seine Karriere eigentlich schon beendet. In Lederhose verabschiedete sich der langjährige Kölner von den Fans im Münchner Olympiastadion.

Schumacher nahm für seine Erfolge einiges in Kauf: Vor dem EM-Finale 1980 zog sich der deutsche Stammtorwart etwa einen Mittelhandbruch im Abschlusstraining zu. Er verheimlichte die Verletzung, als stärkster Schlussmann des Turniers wollte er auch das Endspiel gegen Belgien bestreiten. Bezwungen wurde er dort dann nur per Elfmeter von René Vandereycken, die DFB-Auswahl gewann 2:1. Die Zeitschrift *11Freunde* fragte Schumacher weit nach seiner Karriere, ob er die Verletzung gespürt habe: »Nein, es war ja betäubt«, antwortete Schumacher. Seine ersten Erfahrungen im Aushalten hatte er da schon gesammelt: »Wenn ich sonst mit einem gebrochenen Finger spielte, habe ich meine Handschuhe entsprechend präpariert. Meine Schwester hatte geschwungene Haarspangen aus Horn, die ich in die Handschuhe eingearbeitet habe.« Die Haarspangen nahmen Belastung vom gebrochenen Finger, erklärte Schumacher.

FRAGE
97

Welche der vier Länder haben den EM-Titel im eigenen Land gewonnen? (Mehrere Antworten möglich)

a) Deutschland
b) Frankreich
c) Italien
d) Niederlande

ANTWORTEN

b) Frankreich und c) Italien

»Auswärts siegen ist schön!«, singen die Fußballfans auf ihren Reisen in ferne Stadien. Doch eine Welt- oder Europameisterschaft im eigenen Land zu gewinnen, das dürfte wohl noch ein bisschen schöner sein. Wenn ein Land aufgrund der Austragung des Wettbewerbs ohnehin schon im Feiermodus ist, kann es nach dem Finale noch lange weiterfeiern. Drei Mannschaften ist der EM-Erfolg daheim bislang gelungen: Spanien (1964), Italien (1968) und Frankreich (1984).

Als erstes Team nutzte Spanien den Heimvorteil. Im Finale siegten die Spanier 2:1 gegen die Sowjetunion. Bis heute ist José Villalonga Llorente der jüngste Trainer, der eine Mannschaft zum Europameistertitel coachte: 44 Jahre und 172 Tage war er am Finaltag alt. Italien gewann mit dem Torwart Dino Zoff in dessen erstem großen Turnier 1968 im Finale gegen Jugoslawien 2:0 – allerdings erst im Wiederholungsspiel. Da es damals noch kein Elfmeterschießen gab, wurde die Partie nach dem 1:1 am 8. Juni 1968 in Rom zwei Tage später wiederholt. Frankreichs Team von Trainer Michel Hidalgo gewann 1984 das Endspiel gegen Spanien in Paris durch Tore von Michel Platini und Bruno Bellone. In den folgenden acht Turnieren ist es keiner Mannschaft mehr gelungen, den Heimvorteil zum Titelgewinn zu nutzen. Vielleicht trifft es sich da ganz gut für die 2018er-Weltmeister aus Frankreich, dass sie neben dem Titelverteidiger Portugal und Belgien einer der wenigen Favoriten bei der EM 2021 sind, die das Turnier nicht ausrichten.

FRAGE
98

Welches Missgeschick passierte dem griechischen Nationalteam beim EM-Turnier 2008 in Österreich und der Schweiz?

a) Als erster Titelverteidiger verlor Griechenland alle Endrundenspiele.
b) Im zweiten Gruppenspiel setzte Griechenland in Christos Patsatzoglou einen nicht-nominierten Spieler ein.
c) Zum Auftaktspiel waren die Trikots falsch beflockt – die Griechen mussten in roten Leibchen antreten.
d) Vor dem Auftaktspiel gegen Schweden reiste Griechenland zum falschen Stadion in Salzburg.

ANTWORT

a) Als erster Titelverteidiger verlor Griechenland alle Endrundenspiele.

So überraschend der Titelgewinn vier Jahre zuvor war, so rasant endete die Europameisterschaft 2008 für den Titelverteidiger Griechenland. In Österreich und der Schweiz schied das Team von Trainer Otto Rehhagel bereits in der Gruppenphase aus und konnte keinen Punkt aus den drei Gruppenspielen holen. Ohne Zähler verabschiedete sich zuvor noch nie ein Titelverteidiger von der Endrunde. Für die Griechen begann die EM mit einem 0:2 gegen Schweden, Zlatan Ibrahimovic und Petter Hansson entschieden die Partie in der zweiten Hälfte, es folgte ein 0:1 gegen Russland. Damit war schon vor dem Abschlussspieltag klar, dass die Viertelfinals ohne Griechenland stattfinden werden.

Die bittere Nachricht schien die Griechen allerdings noch einmal munter zu machen. Denn im letzten Gruppenspiel gegen die bereits qualifizierten und mit einer B-Elf angetretenen Spanier waren sie nahe am ersten Punktgewinn: Angelos Charisteas, Angreifer und EM-Held von 2004, schoss Rehhagels Mannschaft in der 42. Minute in Führung. Doch nach der Halbzeit traf Rubén de la Red schnell zum Ausgleich (61.). Mittelstürmer Daniel Güiza entschied die Partie in der 88. Minute für den späteren Nachfolger Griechenlands als Europameister. Immerhin muss man den Griechen trotz der historischen drei Niederlagen zugutehalten: Anders als drei frühere Titelverteidiger haben sie sich zumindest für die EM qualifiziert. Spanien musste 1968 bei der Endrunde zuschauen, Italien fehlte im Jahr 1972 und Frankreich 1988.

FRAGE 99

Das Bild auf dieser Seite zeigt einen ikonischen Moment der EM 1996. Welchen Spieler imitierte Andreas Möller mit seinem Jubel?

a) Alexander Mostowoi
b) Gianfranco Zola
c) Paul Gascoigne
d) Davor Šuker

Imitator bei der EM 1996: Andreas Möller vor der Fantribüne.

ANTWORT

c) Paul Gascoigne

»Deutschland im Finale«, schrie der ARD-Kommentator Gerd Rubenbauer in sein Mikrofon. Der Mittelfeldspieler Andreas Möller rannte im Zickzack jubelnd in Richtung der Fantribüne im Londoner Wembley-Stadion, ehe er abrupt stehen blieb und sich stolz wie ein Gockel aufbaute: Im Hohlkreuz stand er da, die Hände in die Hüften gestemmt, die Lippen aufeinandergepresst. Möller genoss den Jubel der deutschen Fans. Die Pose hatte er sich von einem Verlierer abgeschaut: Paul Gascoigne, der wenige Minuten zuvor so über sein Elfmetertor jubelte. Deutschland besiegte England im EM-Halbfinale 1996 nach Elfmeterschießen – wieder einmal, muss man hinzufügen: Schon bei der WM 1990 scheiterte England an Deutschland nach dem Elfmeterschießen im Halbfinale.

Der jubelnde Möller traf 1996 entscheidend, vor ihm hatte Gareth Southgate als Einziger verschossen. »Ich weiß nicht, was mich da geritten hat. Wenn ich die Bilder heute sehe, frage ich mich: Sag mal, hat dir da einer Tabletten gegeben?«, sagte Möller später über seinen Jubel zu *Spiegel Online*. Wohl wissend, dass er den Sieg da wohl etwas zu euphorisiert zelebrierte. Es war nicht die einzige Aktion im Übermut. Vor der Partie lud die englische Presse das Halbfinale im eigenen Land in der Hoffnung auf eine Revanche für die WM 1990 auf: Der *Daily Mirror* titelte etwa: »For you Fritz, ze Euro 96 Championship is over!« Über der Zeile waren die Nationalspieler Gascoigne und Stuart Pearce in Stahlhelmen aus dem Zweiten Weltkrieg abgebildet.

FRAGE
100

Wo finden bei der Fußball-Europameisterschaft 2024 in Deutschland Spiele statt?

a) Bremen
b) Düsseldorf
c) Hannover
d) Mönchengladbach

ANTWORT

b) Düsseldorf

Deutschland verfügt über eine Fülle von EM-tauglichen Stadien, auch die Orte Bremen, Mönchengladbach, Nürnberg und Hannover hätten Spiele der EM 2024 ausrichten wollen – und können. Doch am Ende setzten sich im Bewerberprozess, den der DFB von der Nichtregierungsorganisation Transparency International begleiten ließ, andere Spielorte durch. Mit dabei sind neben Düsseldorf auch Berlin, Dortmund, Frankfurt am Main, Gelsenkirchen, Hamburg, Köln, Leipzig, München und Stuttgart. In zehn Stadien finden die 51 Partien der Fußball-EM 2024 statt. Zufrieden mit der Auswahl waren aber natürlich nicht alle: »Ich bin nicht sauer, ich bin stinksauer«, sagte Rainer Bonhof, der Vizepräsident von Borussia Mönchengladbach, nach der Entscheidung. Gladbach war wie Bremen bereits vor der Fußball-WM 2006 in Deutschland mit seiner Bewerbung gescheitert.

Bislang ist noch nicht bekannt, wo das Eröffnungs- und das Endspiel stattfinden werden. Bei der WM 2006 fand das erste Spiel in München statt. Das Endspiel bestritten Italien und Frankreich in Berlin – Italien siegte im Elfmeterschießen. Neben der Fußball-EM im Juni/Juli wird im Jahr 2024 auch die Handball-EM im Januar in Deutschland stattfinden. Das ist eine interessante Parallele zum WM-Turnier 2006, damals fand ein halbes Jahr nach dem Event die Handball-WM 2007 in Deutschland statt. Nachdem sich Deutschlands Fußballer Platz drei sicherten, gewannen die Handballer den Weltmeistertitel.